JN238374

書いて生きていく　プロ文章論

上阪徹

はじめに

むしろ文章は苦手で嫌いでした

文章についての本を書いてほしい、というお話をいただいて、実はいちばん驚いたのは、私自身でした。文章術をテーマにした本はすでにたくさんのものが世に出されています。著名な書き手が書かれた本もあります。そのような中で、どうして私に、という問いに、担当編集者であるミシマ社の大越裕さんはさらりと言われたのでした。

「文章術の本はたくさんありますが、ビジネス分野で、たくさんのベストセラーに関わられた方の文章の本というのは、読んだことがありません」

たしかにビジネス関係の書籍にかぎっては、という前置き付きですが、私が多くのベストセラーに携わったのは事実でした。例えば、インタビュー集としてプロジェクトに参加した『プロ論。』（B－ing編集部編、徳間書店）（※）は、累計40万部というベストセラーにしていただいていました。また、お手伝いをした著名な経営者の書籍にもベスト

※起業家、作家、俳優、スポーツ選手など、各界のプロフェッショナルに「仕事」への思いを尋ねたインタビュー集。シリーズ累計40万部超のロングセラー。

セラーが少なくなく、10万部を超えるものもありました。私は、おかげさまで、さまざまな出版社からたくさんのお仕事を頂戴することができていました。また、「文章が上手だ」とお褒《ほ》めくださる方も、少なからずおられたのも事実でした。

今もよく覚えているのは、ヒゲが印象的な著名な漫画家の方から、自らをモチーフにしたトレードマークの顔のイラストとともに、「久しぶりに文章のうまいライターさんに出会えました」とファックスを頂戴したことです。あのときは本当にうれしかった。しかし、よく一緒に仕事をしていた担当編集者に聞くと、インタビューさせていただいた方に、後日お褒めの言葉をいただくことは決して珍しいことではなかった、とのことでした。

ですが実のところ、私自身は、文章に自信があるなどと思ったことは一度もないのです。もともと文章は、小学校の読書感想文以来、むしろ苦手の領域でした。大学でも、レポートは資料を継《つ》ぎ接《は》ぎして丸写しするようなこともあったという有様《ありさま》で、文章への苦手意識は消えませんでした。そんな私が、どういうわけだか、今やライターという職業で身を立てているのですから、人生は本当にわかりません（大学時代の友人たちは今の私の仕事にみな驚いていると思います）。

最初に文章に興味を持ったのは、広告コピーでした。短い言葉で人の興味を引く。面白そうな仕事だと思いました。文章を書くというよりは、言葉を見つける仕事。映像やビジュアルと合わせて、人の心を惹《ひ》く仕事。そんなイメージを持っていました。そして、リクルートグループで企業の採用広告を作る仕事に携わることになったのです。

結果的に、広告の中でも採用広告だったという選択が、大きな意味を持ちました。採用広告では、商品広告のような短いメッセージを紡《つむ》ぐだけのコピーでは終わらなかったからです。何しろ、人の一生が決まるかもしれない職選びの広告です。膨大な量の情報をいかに優先順位を作ってコンパクトにまとめていくか。職業選択の役に立てる情報にできるか。私はその訓練をひたすらすることになりました。そして、たくさんの企業情報に接するなかで私自身の関心は広告の世界のみならず、広く経済やビジネス全般へと広がっていったのでした。

それなりに業界やビジネスの知識が蓄積されてくると、物怖《ものお》じしない性格と、こちらはどちらかというと嫌いではなかったしゃべりの力が役立ったのか、やがて経営者へのインタビューに次々にかり出されるようになりました。それが、経営者以外にも広く著名人にインタビューをする仕事へと広がり、さらには、著名な方々の書籍づくりの依頼を受けるようにもなり、また自分の本も手がけることにつながっていったのでした。

技術ではなく「心得」で書いていた

文章についての本の依頼をいただいて、では私の文章は何が評価をいただいているのか、頭を巡らせました。また、文章を書くために、どんな技術を蓄積してきたのか、過去を振り返ってみました。ところが、考えれば考えるほど、実のところ私には、そうした〝文章術〟や〝文章の技術〟へのこだわりはほとんどない、ということに気がつきました。

では、私の文章術のベースはどこにあるのか。それは、技術論というよりもむしろ、「文章を書く上での心得」なのではないかということに、改めて思い至ったのでした。実際に、私が持っていたのは、それくらいしかない、といっても過言ではありませんでした。

今や書店に行くまでもなく、インターネットをひもとけば、構成の方法から「、」「。」の位置、行替えから接続詞の使い方まで、文章術の方法論ともいうべき「ｔｉｐｓ」は大量に溢《あふ》れています。しかし、私自身は、広告コピーの本は何冊か読みましたが、ライターとしての文章術の本は、１冊も読んだことがありません。ネットで技術を求めたこともありません。そうした技術論に大きな意味があるようには思えなかったからです。

思えば、小学校以来、作文の技術として、そうした文章技術はさんざん教えられてきたことでした。それでも、私の文章はうまくならなかったし、私の苦手意識はなくなりませんでした。そのころと同じことを繰り返してもしょうがないと、おそらく思っていたのでしょう（実のところ、忙しくて読む暇がなかった、というほうが先ではありますが）。

また、これほどまでに世の中にたくさんのメソッドや技術情報があるのに、実際には多くの人が文章に苦手意識を持ち、文章がうまくならないと感じている現実もあるのではないかと思います。

そう考えれば、むしろ大切なことは、もっともっとベーシックなこと、文章を書く上での本質的なこと、なのではないか。この本を書くにあたって、私は次第にそう考えるようになっていきました。表面的な技術ではなく、地に足のついた文章との付き合い方こそ、文章を変えていくのではないか、文章を書き進める上で役に立つ情報なのではないか、と。

僭越《せんえつ》ながら、本書で披露《ひろう》させていただくことにしたのは、そうした「文章を書く上での本質的な心得」です。これは、私自身がどのようにして文章を書いてきたか、その心得そのものです。ですので、「なんだ、文章のメソッドがないじゃないか」と思われる方もおられるかもしれません。

しかし、私自身改めて振り返って思ったのは、この心得さえしっかり持っていれば、かなりの人の文章がうまくなっていくのではないか、ということです。また、この心得があればこそ、さまざまな場面で応用も利いていくのではないかとも思いました。

表面的な技術を身につけたところで、文章はうまくならないというのは、すでに多くの人の実感ではないかと思うのです。何より実際、私自身がそうだったのです。でも、文章の塾に行ったわけでもなく、誰かに具体的な文章技法を学んだこともない私が、今や文章を書く仕事で生計を立てさせていただいているのも事実なのです。


本書は当初、文章を生業《なりわい》とする方や、生業にしていきたい方、とりわけ若いライターの方やライター志望者の方に向けて書くつもりでした。若いライターの方をサポートしていきたい、という思いを、私は強く持っています。

しかし、インターネットの登場によって、文章を書く機会が格段に増えている方も少なくありません。ビジネスでも、メールをはじめとして文章をやりとりすることは大変多いのが実情です。企画書やレポートが、あるいは日頃のメールや文書でのコミュニケーションが、商談や昇進に大きな影響を及ぼすようになっていることは、間違いないでしょう。

また、ビジネスに携わる方が仕事のために実名でブログを書いたり、お店を運営する方がホームページやメールで情報発信することなどが一般的となり、業種職種を問わず、魅力的な文章を書くことが仕事の成果と大いに関係してくるような時代がやってきています。

そこで、第1章〜第3章の文章の心得では、文章を書くことを生業とする人以外の方にも、参考にしていただけるような書き方を心がけることにしました。

第4章、第5章では、私がどのように取材をしているのか、について書いています。

ここ数年、「話し方」をテーマにした本がベストセラーになったりしていましたが、どうして「聞き方」の本がないのか、私には不思議でなりませんでした。聞くことは、あらゆる場面で極めて大事なスキルだからです。

これらの章は、文章を書くことを職業とする方はもちろん、顧客とコミュニケーションを交わす機会が多い方、あるいは社内でのコミュニケーションや学生のみなさんの就職時の面接などにも、ヒントにしていただけるかもしれません。

そして実は文章を書くことと、取材やインタビューをすること、もっといえば素材を集めてくることは、密接なつながりがあることもお伝えしたいと考えました。

第6章、第7章では、文章を書いたり、取材をするだけではなく、もっと広い視点で私がどのように仕事と携わってきたのか、書き記しました。若いライターの方はもちろん、ビジネスパーソンとして少しでも成長していきたいと考えている若い方々に参考にしていただけたらと考えています。

自分で書いていて、こんな偉そうなことを、と思うところもありましたが、何より私のベースになっているのは、過去、３０００人を超える著名人・成功者の方々にインタビューをさせていただき、原稿を作らせていただいた経験です。おそらくそれは、なかなか得難い経験だったと思います。そんな経験から生まれた話を、させていただこうと思っています。

上阪 徹

第1章・その文章は誰が読む？

第2章・伝わる文章はここが違う

第3章・プロ文章家の心得

第4章・「話す」よりも「聞く」のが大事

第5章・プロの取材はこう行う

第6章・「書く仕事」のキャリア作り

第7章・「職業文章家」として生きる

装幀　寄藤文平

第1章

その文章は誰が読む？

かつて文章が苦手で嫌いだった、というのが私でした。

では、私はなぜ今、ライターという職業に身を置き、小さいながらも実績を出させていただいてきたのか。

その理由は、「心得」にこそあったのだと思っています。もしかするとそれは、多くの方を「文章が苦手で嫌い」から解き放ってくれるものになるかもしれない、と私は思っています。

文章の怖さを知っていますか？

みなさんの中にも、もらったメールにカチンと来た、という経験をお持ちの方が少なからずおられるのではないかと思います。「どうしてこんな書き方をするのか、ひどいじゃないか」というケースです。そこまで行かなくても、「ちょっとこういう書き方はないよな」と軽く嫌な印象を受けたことは、一度や二度はおありでしょう。

私自身、実はメールに関しては極めて敏感にチェックしています。「おやっ」と思ったメールをもらったなら、どうして「おやっ」と思うのか、考えるようにしています。**メールというのは、文章の怖さを知る上で、最もわかりやすいツールだと思うからです。**

ほとんどのケースでは、メールを送っている側に、相手に嫌な思い、不愉快な思いをさせているかもしれない、という認識はありません。実際、会って話をしたりすれば、とてもちゃんとしている人なのに、メールではどういうわけだかあまり印象が良くない、という人もいるのです。おそらく「文章の怖さ」をわかっておられないのでしょう。

逆に、その怖さをよくわかっているがゆえに、メールはあまりしない、という人もいます。文章では本意が伝わらない、というより、本意を伝える文章を時間をかけて作るよりも電話をしてしまったほうが早い、ということなのでしょう。電話を取りだして、さっさとかけてしまうのです。これはある意味で、正しいやり方であるともいえます。

面と向かって会ったり、電話で話をしたりすれば、言葉の内容以外のところで、さまざまなニュアンスを伝えることができます。声のトーンであったり、大きさであったり、間の置き方であったり、相手の反応を見ての対応だったり……。実際、誰かと話をするときには、こういうところに頭を巡らせながら会話をするでしょう。

ところが、一方的にメッセージを送る文章ではこうはいきません。**文章は、ダイレクトにメッセージのみを発信してしまう危険性がある。受け取る準備ができていない受け**

手にも、いきなり刺さってしまう。これは実は、極めて怖いことです。

メールはほんの一例ですが、文章はときに相手に大きな誤解を抱かせてしまったり、ひどく傷つけてしまったり、相手を怒らせるようなことをしでかす危険性を持っています。そのたった一言や言い回しや表現が、取り返しのつかない事態を引き起こすことがあります。しかも、文章は会話と違って残ります。取り消すことはできないのです。

だからこそ大事なのは、いい文章を書こう、と思う前に、こうした文章の怖さをしっかり認識しておくことです。時として、とんでもない凶器になりうる。それが認識できていれば、文章には慎重に接することになります。でも、そのくらいがちょうどいいのです。何より避けるべきは、取り返しのつかない事態、なのですから。

読んでもらうことの大変さを認識していますか？

文章を書くことを生業《なりわい》にしている今、極めて幸運だったと思うのは、広告コピーを作る仕事からキャリアを始めたということです。もっといえば、企業が人を採用する求人広告のコピー制作から始めたことです。言うまでもなく、広告はクライアントからお金をいただくことによって仕事が発生します。広告主はおかしな広告を出せませんから、シビアに文章をチェックすることになります。となれば、広告の作り手である私もまた、相当な緊張感を持って文章を書かなければなりませんでした。

もし、おかしな文章を書けば、広告主からの信頼がなくなってしまう。それは私のみならず、営業担当者や勤めていた会社への信頼そのものにも影響してきます。そんなこともあって、私の文章キャリアは、緊張感いっぱいのところから始まりました。

しかし、だからといって、保守的であたりさわりのない文章を作っていればよかったのかといえば、そうではありません。当時は紙媒体だった求人広告は、その広告で何件の応募があったのか、情報誌が出た翌週にははっきりとした件数として出てしまうというシビアさがありました。商品ポスターなら、そのポスターでどのくらいの商品が売れたのかは、把握のしようがありません。しかし、当時の求人広告では、私の作った広告で何人の人が応募してきたのか、採用できたのか、簡単に把握ができてしまえた、というわけです。

クライアントが払っていた広告費は、決して安いものではありませんでした。小さなものでも数十万円、高いスペースになれば、数百万円。その効果が、自分の肩にかかってくるのです。緊張感を持ちながらもエッジの効いた企画を立て、印象的なキャッチコピーを作り、さらに細かな情報を読ませていく。そんな流れを作る必要がありました。

そしてこのときに徹底的に思い知らされたのが、**人は簡単に文章を読んではくれな**

い、という事実です。いい情報がたくさんある。だから、それを、キャッチコピーにつながる文章にして構成する。でも、それだけでは読者は読んではくれないのです。どんなにいい情報が入っていても、です。

考えてみれば当たり前だ、ということに私は次第に気がついていきました。これは雑誌の記事も、メールマガジンやブログも同様ですが、読者には読まなければいけない「義務」などないのです。別に読まなくたって実は困らないのです。そんな姿勢の読者にどう読んでもらうのか。それを考えなければならないということです。

私は、キャッチコピーからつながるボディコピーに徹底的にこだわりました。冒頭の文章を印象的なものにして、一気に読ませる流れを作る。気がついたら全部読んでいた。そういう文章を作る。それは今も心がけていることです。

それは、誰に向かって書く文章ですか？

広告の仕事であれ、雑誌の記事であれ、書籍であれ、まず真っ先に考えるのは、読者は誰なのか、ということです。極端な話をすれば、同じ内容でも小学生に語るのと、40代のビジネスパーソンに語るのとでは、まったく違う文章表現をすることになるでしょう。その意味では、読者が誰なのか、を認識せずに的確な文章は書けない、ということになります。

しかし、時には「特に決まった読者対象はない」ということもあります。そういうときにどうするのかといえば、自分で読者対象を決めてしまうのです。ぼんやりと、「大人全般」ではなかなか表現や言葉を選びにくい文章も、「40歳の会社員男性」と定めてしまえば、一気にイメージがしやすくなります。

そんなことをすると他の読者対象はどうなるのか、と思われるかもしれませんが、それはあえて考えません。極端な話、全員にとってどっちつかずで印象に残らないものを作るよりは、2割でも3割でもいいから深く突き刺さるものを作る。そのほうが明らかに意味があると私は考えています。

実際のところは、深くターゲットを絞れば絞るほど、意外にも他のターゲットにも気になる内容になることが少なくありません。男性が女性誌を読んで面白い内容に出会えることもありますし、逆もしかり。凡庸な情報よりは尖った情報のほうが人は気になるのです。そのためにも、誰に向かって書く文章なのか、をはっきりさせなければなりません。

これは、仕事で使うメールや会社のレポート、いろいろな広報物などを作るときにも、同じ発想ができると思います。まずは、誰に向けての文章なのかを認識する。役員向けと部長向けと部下向けと顧客向けでは、トーンも意識も大きく変わるでしょう。ですが、ここでもう一歩、踏み込んでみることを私は勧めます。**中でも誰にいちばん伝えたいのか、その人の顔を思い浮かべて書くのです。その人が目の前にいるつもりで書くのです。**

先に触れたインタビュー集『プロ論。』では、私はターゲットを極めて細かく設定していました。毎週の連載でしたが、インタビューする対象によってターゲットを変えていたのです。この人物なら、こういう人にぜひ話を聞かせたい。その「こういう人」のイメージをどんどん膨らませていく。これは後に書きますが、だからこそインタビューに困りませんでした。こういう人に質問をさせたなら、と思っただけで次々に質問が浮かんだからです。

文章を書く前に、誰に向けての文章なのか、できるだけ具体的にイメージしてみてください。その瞬間に、使う言葉やトーンがすぐに浮かんでくるはずです。そうすれば、文章はぐっと書きやすくなります。ターゲットは、自分で作ればいいのです。

それは、何のために書く文章ですか？

意外に忘れられがちなことですが、文章を書くときには、目的があるはずです。趣味で何かを書く、暇つぶしに携帯メールを打つ、といった場合には別かもしれませんが、無目的に文章を書くことは、多くの人にはまずないと思います。何のためなのか、目的があるのです。

となれば、その目的をしっかり認識しておく必要があります。謝りのメールなのか、励ましの手紙なのか、新商品のアイディア提案なのか。どこに、何の目的で、どんな内容の文章を書くのか。それを明確にしておけば、書く前段階の心構えができます。これがあるかないかで、文章に向かおうとする意識はずいぶん異なってくるのです。

そして目的をはっきりさせることは、ターゲットをはっきりさせることにもつながっていきます。「誰に、何を書くのか」がよりクリアになっていくということです。

と、ここまで読んで、納得できないと思われる方もいらっしゃるかもしれません。文章を書く目的は何かを理解しておく。そんなことは当たり前じゃないか、と思われるかもしれません。しかし、実はそこに落とし穴があるのです。

私は仕事柄、ときどき、文章を見てほしい、と言われることがあるのですが、拝見していてよくあるパターンに、文章を書く目的を失っていることがあります。では、何を目的としているのかといえば、文章を書くことを目的にしてしまっているのです。

本来の目的を忘れ（本当は忘れてはいないのかもしれませんが）、文章を書くということが主役になってしまっている。もっといえば、うまい文章をなんとか書こうとして、あるいは文章をなんとかうまく見せようとして、本来の目的を逸脱してしまっているとしか思えない文章を拝見することがよくあるのです。

これでは、相手に伝えたいことがうまく伝わりません。残念ながら、文章を書く目的を達成できないということになります。では、どうしてこんなことが起きるのかといえば、文章を書いていると、時に目的を忘れてしまうことがよくあるからだと思うのです。だからこそ、文章を書く目的意識は、ついつい希薄になるものだ、という危険性を強調しておきたいのです。

考えてみれば、**文章はあまりに身近にあるものです。子どもの頃から慣れ親しんだものでもあります。だからこそ、放っておくと勝手に暴走する危険があるものだと私は思っています。**文章を勝手に暴走させないために、しっかり手綱《たづな》を握っておく。それが、目的は何かを徹底的に頭に叩き込んでおくことであり、ターゲットは誰なのかという対象をはっきりさせることだと私は思っています。

自分で理解したことを書いていますか？

リクルートグループで広告コピーを作る仕事を始めた私でしたが、当初よく言われた言葉があります。それは、「文章が堅い」というものでした。今から考えると、なんともお恥ずかしいのですが、私はそれを褒め言葉だと思い込んでいました。クライアントに提出する前に、発注者であるディレクターのチェックが入ったのですが、当時は若い女性ディレクターが多く、こちらを傷つけないよう言葉にずいぶん気を遣ってもらえていたのだとわかったのは、しばらく後のことでした。

文章が堅いことがどうして褒め言葉に聞こえたのかといえば、しっかりした文章を書いている、と私には聞こえたからです。しかし、実際にはなぜ文章が堅かったのかといえば、私がクライアントについてしっかりとした理解をできずに書いていたからなのでした。

広告を作るための素材、例えば会社案内や業務案内などに使われているフレーズや内容を、そのまま拝借して使っていたこともよくありました。もとより文章を書くことに苦手意識を持っていた私は、本当に理解をしていないにもかかわらず、そのほうがうまく見えるにちがいないと思って、そうしたものから文章を借りていたのでした。

ところが、借りてきた言葉は所詮、借りてきた言葉でしかありません。それは自分の頭の中を通過して、出てきたものではないのです。当然、読者には響きません。しばらくしてたくさんの文章に接していく中で、私はそのことに気がついていきました。

当時の私の勉強法は、発行された求人誌をひたすらパラパラとめくり、気になる広告をチェックすることでした。その結果、自分でちゃんと内容を理解して書いてある文章と、ちゃんと理解せずに書いている文章とでは、印象がまるで違うことに気がつきました。

以来、私は借り物の言葉をいかに使わないようにするかに苦心しました。しかし、やってみると、それはそれほど難しいことではないということにも気がついていきました。要するに、まずは自分の頭の中に内容を放り込んでみればいいのです。そして、自分の理解した範囲の中で、文章を紡いでいけばいいのです。

それこそ学術論文を書くのとは違います。**多くの場合、読者は基本的に、難しい知識などは持っていないし、求めてもいません。むしろ、やさしい文章で物事を理解したいと思っているのです。**となれば、自分の理解した範囲で書けばよい。そうわかってからは、ずいぶん肩の力が抜けました。同時に、自分で理解したことを書けばいいのだ、それが文章なんだ、と文章への苦手意識も次第に減っていくことになりました。

自分でよく理解できていないことを借りてきた言葉で文章にすることのほうが、理解していることを書くよりも、実ははるかに難しいものだと気づいたのは、もっと後のことでした。

上手に見せようとしていませんか？

気持ちはとてもよくわかります。誰しも「文章が下手だね」とは言われたくない。「文章がうまいね」と言われたほうがうれしいに決まっています。しかし、面白いもので、「文章がうまいね」と言われたいと思いながら書いている文章というのは、実は読み手にその思いそのものが感づかれてしまう。私はそう思っています。そして、そう感づかれた瞬間から、読者はそうは思ってくれなくなります。つまり、逆効果になるのです。

一方で書く側は、うまく見せようとするために無理をすることになります。本当は素直に書けばいいところを、うまく見えるような言葉や文章を選んだり、実は自分ではいまひとつ腹落ちしていないフレーズを使ってみたりする。そうすることで、本来ならわかりやすく書けていたはずの文章が、むしろわかりにくくなってしまったりするわけです。

私が何より意識しているのは、繰り返しになりますが、そもそも文章というものを書く目的は何か、ということです。創作物を読んでもらうことを別にすれば、それは読者に何かを理解してもらう、ということでしょう。これ以上の優先順位はないのです。仮に「上手な文章」が書けたとしても、読者の理解度が落ちてしまったとするならば、文章の目的を達成できなかったことになります。

逆に、たとえ上手に見えない文章だったとしても、それが読者にとって理解のしやすいものだったとすれば、正しい文章だと私は思います。上手に見えて理解しにくい文章よりも、上手に見えなくても理解しやすい文章のほうが、はるかにいい文章だということです。

文章を書く仕事を長くさせていただいてきて、私が思い至っているのは、文章には100点満点はない、ということです。ある人にとって「うまい」と思える文章も、ある人にとっては「うまくない」文章になる。そういうことが大いにありえます。これぞ完璧な文章だ、という文章はない、ということです（あくまで私の勝手な結論ですが）。

では、何を文章の評価点にするのかといえば、どれだけ読者にしっかり理解してもらえたか、ということです。どれだけわかりやすく、伝えたいことがしっかり伝えられる文章にできたか、ということです。私はそこに主眼を置きます。

だとするならば、書き手が上手に書いているかどうか、というのは評価点にはならない、ということになります。それは文章を書く目的とは関係がないことなのです。でも、実際のところ、読者の立場に立てば「この人の文章はうまいな」と「読者が」思う人というのは、わかりやすくて、理解しやすい文章を書いている人だと私は思っています。なぜなら、読者にとっても文章を読む目的は、内容を理解することだからです。ほとんどの場合、うまい文章を読むことではない。書き手が読者の立場になれば、そのことに気づけます。

賢く見せようとしていませんか？

雑誌やＷｅｂでインタビュー記事を作る際には、多くの場合、インタビューをさせていただいた方に原稿を確認してもらっています。公になって世の中に出るものだけに、書かれた内容が事実かどうかを確認してもらうことが主な目的ですが、実はここでインタビュー対象者から「そうなんだよ、これが言いたかったんだよ」と思ってもらえる原稿にすることが、私のゴールのひとつだったりします。

その原稿の確認で一度、思ってもみない感想、というより、要望を寄せられたことがあります。「もっと賢く見えるようにしてほしい」というのです。しかも、その方はこうして直してほしい、と発言部分の修正案を入れてくださっていました。賢く見えるとはどういうことか、と当初思った私でしたが、なるほど、と思いました。できるだけ読者に内容を伝えやすいように、と私がやさしくわかりやすい言葉で書いていた内容を、わざと難しい言葉にし、しかも漢字を多用して修正されていたのです。

難しくし、漢字を多用すれば、賢く見える。この認識は、もしかして少なからぬ人が持たれているのではないかと思いました。そしてその背景にあるのは、あるメディアの存在ではないかと考えました。それは、新聞の記事です。多くの人にとって、新聞が文章のひとつの基準になっているのではないかと思うのです。

読み慣れている新聞が自分の中で基準になっている人には、私がわかりやすいと思っている文章はあまりに平易に見えるのかもしれません。しかし、新聞は誰にとっても、果たして基準として適当なのでしょうか、と私は問いたいのです。また、新聞は果たして、わかりやすく書かれているメディアなのでしょうか、と。

ここで新聞を批判するつもりはまったくありませんが、**私は新聞がわかりやすい文章を書いているとは決して思っていません。そして多くの読者が、しっかり新聞を理解し**

て読んでいるとも思えません。むしろ、新聞は難しいものと思っている人のほうが多いのです。

これは、創刊以来、ずっとお手伝いさせていただいているフリーペーパー『R25』(※)で知った若い人たちへのリサーチではっきりと教えてもらえたことでした。新聞は実は難しいのです(だから「誰でもわかる」といった解説コラムがあえて別立てで作られていたりします)。それを基準にしてしまえば、文章も難しくなってしまう。たしかに「賢く」見えるのかもしれませんが、それで内容が理解されなくなってしまったとしたら、本末転倒です。

「賢さ」を問われるべきは、どう語るか、ではなく、何を語るか、だと私は思っています。いくら平易な言葉、ひらがなを多用しても、賢い人の話は賢いものです。それをわざわざ難しくして、賢そうに見せる必要はまったくないのです。

※2004年創刊、リクルート発行のフリーペーパー。25～34歳の男性をメイン読者とする総合雑誌。月2回刊行、首都圏中心に50万部を配布。

「文章」を書こうとしていませんか？

上手に見える、賢く見える、ということと、これもつながってくるのかもしれませんが、文章を書こうとするときに、いわゆる「文章」を書こうとしている人が、どうにも多いと思えるのです。どういうことかというと、「文章とはこういうものだ」という思い込みが、極めて大きくなってしまっているということです。

だからこそ、肩に力が入って堅い文章になってしまったりする。また、新聞のように「賢い」文章を書こうと難しい漢字を多用したり、手垢《てあか》のついた紋切り型の慣用句をたくさん使ってしまったりする。話をすることは苦手ではないのだが、どうにも「文章」は書けないと苦手意識を持ってしまったり、「文章」を書くのは時間がかかって仕方がない、といった思いを持つ人は少なくないのではないでしょうか。

実のところ、かつての私自身がそうだったのでした。文章に苦手意識を持っていたのも、内容を理解していないことでも書いてしまおうとしたのも、「文章とはこういうものだ」と思い込み、いわゆる「文章」を書こうとしていたからだと思うのです。

ところが、書く仕事を始めてからしばらくして、私はあることに気がつきました。「文章」というのは、特別なものではない、ということです。もっと平たく言ってしまえば、しゃべっているのと同じように、文章にしてしまえばいい、ということです。しゃべっていることを、そのまま文章にするつもりで書いてしまえばいいとわかったのです。

相手に何かを伝えたいと思ったとき、会いに行くなり、電話をするなりして、話をしに行くでしょう。**普通に話をすることについては、多くの人が苦手意識など持っていないのではないでしょうか。ならば、その話す内容を、そのまま文章にしてしまえばいいのです。**ここで「文章とはこういうもの」と思い込み、しゃべる話の内容を「文章」にしようとするから、余計な力が入ってしまうのです。

それよりも、「これこれこうだ」という話を、しゃべっているつもりで文章にしてみる。しゃべり言葉で難しい漢字や新聞でよく目にするような慣用句を使う人はあまりいませんから、極めて平易でわかりやすい文章が生まれることになります。

それこそ相手が相当の知識を持っている論文などでは別ですが、多くのケースで文章の読み手は「素人」の人たちでしょう。ならば、何より優先すべきは、伝えたいことがわかりやすく伝わること。仮に「文章とはこういうものだ」とばかりに格調高いものを書いたとしても、相手にすれば読みにくく、理解しにくく、スムーズに読み進められないものになってしまっては意味がありません。

「文章」を書こうとしない。これを意識するだけで、文章への苦手意識は大きく減退してくれると思います。私自身の経験でもあります。

形容詞を多用していませんか？

リクルートで広告を作っていたとき、最初に出会った上司は寡黙《かもく》な人でした。リクルートグループ内のトップクリエイターの一人で、極めて優れた言葉の使い手でしたが、ほとんどアドバイスらしいものはもらえませんでした。しかし、だからこそ、教わったことは鮮烈に印象づけられることになりました。そのひとつに、形容詞あるいは何かを形容する言葉はできるだけ使わない、という教えがありました。

わかりやすい例を挙げましょう。会社が人を採用する求人広告を作るときには、極めて便利な言葉があります。それが「良い会社」です。「ウチの会社は良い会社です」。実は、求人広告の作り手が、真っ先にやってしまうのがこの広告コピーなのです。

ところが「良い会社」だと言われても、真剣に仕事を探している人にとってはピンと来ません。それは、どの会社にも言えてしまうことだからです。説得力がまるでないのです。いくら「良い会社」だと言われても、この言葉に引かれて応募する人はまずいないでしょう。イメージがわかないからです。問われているのは、どう良いのか、何が良いのか、なのです。

形容する言葉を使わないというのは、つまり具体的な内容を挙げる、ということです。「残業をしない」でも「離職率がこの5年でゼロ」でも「年齢に関係なく出世できる」でもいいのですが、事実でもって「良い会社」とイメージできる内容、他の会社とは違う具体的な事実を挙げるということです。そうすれば、読者への説得力が生まれます。「お、この会社は違うな」と思ってもらえるということです。

これは会社関係の話にかぎらず、あらゆることに共通します。「ものすごく寒い」といくら言われたところで、読み手にはどのくらい寒いのか、伝わってきません。その寒さの度合いがよくわからないのです。そうではなくて、寒さを表す事実を列挙することで、読み手に「ものすごく寒い」と思ってもらうことが大切になるのです。

ここで有効に使えるのが、ひとつは数字です。温度計は零下5度を指している、と書けば寒さの程度が伝わります。文章で相手に程度を伝えるには、数字は極めて有効な武器になります。私は文章を書くとき、もっといえば素材を集めるとき、この数字を強く意識します。数字をうまく使って程度を理解してもらうことを真っ先に考えるからです。

そしてもうひとつが事実です。軒下《のきした》に下がった氷柱《つらら》は長さが10センチにも達していた、と書けばどうでしょうか。手袋をしていても指がかじかんでくる、と書いたならどうでしょうか。寒さの程度を表現することができる事実はたくさんあります。その事実をより多く紡ぐことで、読み手に「寒さ」の度合いを伝えていこうと意識するのです。

形容詞は使わない。数字や事実を意識する。それだけで文章は変わっていきます。

具体的な「話」をひとつでも入れましたか?

何度も書いていますが、文章にとって一番大事なことは、読み手がしっかりと理解できることだと私は思っています。その意味で、形容詞を使わない、というのは大きな意味を持っています。具体的な数字や事実を盛り込むことで、読み手は理解度を増すことができるからです。その文章の内容について、イメージを大きく膨らませることができるのです。

そしてこれは、文全体にも言えることだと思っています。例えば、ただ感想や自分の印象、思いを書き連ねたところで、どれほどの思いなのかは、なかなか伝わりません。しかし、具体的なエピソードが語られ、その上で思いを加えたものであるならば、読み手にはぐっと説得力が高まります。怒りの文章なら、「怒っている」と書かなくても、怒るに至った事実を連ねるだけで「怒っている」ということを伝えることができます。それこそ読み手は、むしろそのほうが書き手と同じ感覚で怒りを感じてくれるはずなのです。

つまり、文章であれ、文全体であれ、できるだけ多くの事実や話を盛り込んでいく、ということが大きな意味を持つのです。美しいから、といくら美しい言葉を並べ連ねたところで、そこに読者が共感する事実がなければ、美しさを読み手はイメージしにくいのです。となれば、実はこだわるべきは、一つひとつの言葉や形容詞ではなく、事実や数字、具体的な「話」であることがわかります。それを構成するだけで、文全体になるのです。**文章はひねり出すのではなく、すでにある事実を組み替えていくもの。それこそが、読み手にとって、よりイメージを持って理解ができる文章だと私は思っています。**

会社の企画書でも、レポートでも、プレゼン資料でも、具体的な「話」がひとつあるだけで、読み手はぐっと興味を持ってくれます。優れた企画書には、具体的な「話」があるものです。それが読み手のイメージを高め、企画への関心を深めてくれます。

このことに気づけば、実は文章を書く前から、意識が大きく変わっていきます。事実や数字、具体的な「話」にアンテナが向くようになるのです。それを探していくようになるのです。そして、文章を書くときに用意するのは、その事実や数字、具体的な「話」ということになります。読み手に持ってもらいたい印象や読み手から聞き出したい感想をもらうために、何を伝えればいいか、と考えるようになります。

文章を書く、といっても、創作を除けば、まったくのゼロから書くわけではありません。材料となるべき「話」はたくさん転がっています。問われるのは、それをいかにしっかりキャッチすることができるか、だと私は思っています。そしてこのキャッチの際に重要になるのが、「誰に伝えたいのか」です。「誰に」によって、伝えるべき「話」は変わっていくからです。逆に「誰に」が意識できていれば、「話」のキャッチは容易になっていきます。

第2章

伝わる文章はここが違う

何を伝えたいか、整理できていますか?

文章がうまく書けない、という相談を受けることがよくある、という話はすでにしましたが、そういうケースで似た相談にたびたび出くわすことになりました。しかしそれは、文章をどう書くか、という問題では実はまったくなかった、ということに私は気づきました。どう書くか、に気を取られるあまりに、もっと大事な、何を書くか、がぼやけてしまっている。もっといえば、抜け落ちてしまっていると思えるものが少なくなかったのです。

読み手により理解をしてもらうことが大事であるとするならば、何を伝えたいのか、というのは、最優先に決められていることでなければならないはずです。ところが、そこに焦点を当てる前に、文章を書き始めてしまうのでしょう。だから、肝心の「何を伝えたいのか」が読み手にはっきり伝わらない。これでは、いくらうまく書こうとしても、書けるものではありません。

まず行うべきは、この文章を読む人に、何を伝えたいのか、しっかり整理することです。できれば、何を伝えるべきなのか、紙に書いてみるのがいいでしょう。伝えたいことをできるだけはっきりさせるために、「一番伝えたいことは何か」を決めるのも、ひとつの方法だと思います。

これまた私が幸運だったのは、文章を書く仕事のスタートが、小さなスペースの求人広告だったことです。それこそ、伝えられる内容にはスペースの都合上、限界があるのです。こうなれば、一番伝えたいことをコンパクトに伝えるしかない。これを徹底的に訓練させられたのです。

やがて、制作を任されるスペースは次第に拡大していきましたが、スペースに限りがあることは同じです。やらなければいけなかったのは、伝えたい内容に優先順位をつけることでした。その整理なしに、制作には取りかかれなかったのです。

一方で、会社のレポートなどには、制限がないものも少なくありません。またＷｅｂの記事はデザイン上の制約が印刷物に比べるとはるかにゆるやかで、原稿ボリュームにもそれほど制限がないものもあります。となれば、優先順位をつけて、伝えたい内容を厳しく整理していく、ということへの意識が薄まってしまうのは致し方のないことかもしれません。

だからこそ、伝えるべきこと、伝えたいことを整理する意識を、むしろ強く持っておくべきだと思います。そうでなければ、書いているうちに、どんどん伝えたいことがぼやけていく、といったことが起こりかねません。**何より文章では、「どう書くか」ではなく、「何を書くか」のほうがはるかに重要なのですから。**しかし、これが意外に忘れられてしまいがち。だからこそ、文章はやっかいなのです。

何を書くか、を自分本位に決めていませんか？

「何を書くか」がどうしてぼやけてしまいがちなのか。それは、その内容を決めるのが、意外に難しいことだから、だと私は思っています。「何を書くか」なんて、基本中の基本のように思えますが、実は難しいのです。なぜなら、「何を書くか」は、文章を書く目的や読んで理解してもらいたい対象によって微妙に変わってくるからです。

自分が文章を書くのだから、自分で書きたいように文章を書けばいいんだ、という考え方もあるのかもしれませんが、私はそうは思いません。文章を書く目的があって、対象となるべき読んでほしいターゲットがいて、そのターゲットに読んでもらえるような文章にしなければならない。そう思っているのです。自分本位に書きたいことを決めるのではなく、ターゲットを意識して「何を書くか」の優先順位づけを行うべきだと思うのです。

ときどき、「何を書くのか」がよくわからない、優先順位をどうつけていいのかわからない、という質問も受けることがありますが、それはもっと前の段階に問題があります。誰に向けて書くのか、もっといえば、どんな目的で書くのか、をはっきりさせることができていないからです。

逆にいえば、目的と対象がはっきりしているならば、「何を書くのか」は意外にすんなりと決まったりします。優先順位も、それほど悩まずに決められたりします。そのためにも、読んでもらいたい誰かのことを強く意識することです。その人たちは、どんなことに興味を持っていそうなのか。どんなことを知りたいと思っていそうなのか。

先にも書きましたが、特定の誰かを頭の中でイメージしてしまってもいいと思います。親戚の誰それの顔を思い浮かべたり、友だちの顔を想像したり、会社の別の部署の先輩の顔を思い出したり。そうすることで、「この人にこういう目的で伝えたいとするなら、こういう話ではないか」という「何を書くのか」がはっきりしていくのです。

もっといえば、そんな特定の誰かを頭の中でイメージしているからこそ、「何を書くのか」につながっていく、「具体的な話」や「数字」「事実」に勝手に頭が向いていくことになるのです。きっとこういうことに関心があるのではないか、というものにアンテナが強くなる、というのは、そういうことなのです。

ライターの私は、いろんな「特定の誰か」を常に頭の中に置いています。そうすると、「こういう人たちはきっとこういうものに興味があるのでは」という情報が勝手に頭の中にインプットされるのです。取材でも目的と対象がはっきりしていれば、「この話は聞かせたいな」「この言葉は響くだろうな」と認識しながら情報収集を進められます。

「何を書くか」のヒントは、自分の頭の「中」にはありません。「外」にあるのです。

「世間相場」を知っていますか？

誰に向かって書くか、を意識し、何を書くのか、の素材を集めておき、整理する。そして、優先順位をつけていく。実はここにこそ、文章を書く上でのひとつの大きなポイントがあると私は考えています。どういう文章が、どういう内容が読み手にとって興味を持ってもらえるのかをイメージするとき、そこには「相場観」というものが必要になるのです。

例えば、先にも紹介したフリーペーパー『R25』で経済に関する記事を書くとします。読者は25歳前後のビジネスパーソンです。実は創刊時に私がこの記事の担当を頼まれたとき、私はこう言いました。「私は経済の専門家ではない。経済の専門家や経済新聞の経験者などに書いてもらったらどうか。そのほうが適切ではないか」と。

ところが、当時の編集長はその選択をあえて排除したのです。理由は明快でした。私のほうが、20代の読者に対する相場観があったからです。経済新聞出身の書き手は、経済がわかっている読者をイメージして書いています。しかし、先にも触れたように、実は多くの20代の読者には、経済新聞は難しすぎたのです。その書き手には、20代の読者への相場観が薄い人が多かった、ということです。

経営やビジネスの用語は、経済新聞には気軽に使われていますが、実は多くの読者がそれを理解していない、ということが事前の徹底したモニター調査から明らかになっていました。私に課せられたのは、そうした「実は経済や経営の用語がわかっているようでわかっていない」読者に対して、経済や経営の記事を書くことでした。

これまた私が幸運だったのは、それまでにリクルートを中心としたメディアで、数多くの若いビジネスパーソンにインタビューを重ねていたことでした。学生対象の取材もありました。だからこそ、20代の経済や経営に対する関心度合いや理解のレベルをある程度は理解できていたのです。そこに加えて、編集部とのやりとりによって最終的なレベル調整をして原稿を作っていきました。面白いのは、わかりやすく書けばいい、というものでもないことです。**あまりにやさしく書きすぎてしまうと、読み手はバカにされているのか、と思ってしまうのです。逆に、難解な用語がひとつでも多くなれば読者は読み進めてくれない。**ここで大いに活きたのが、20代読者の微妙な「相場」だったということです。

では、これが30代読者ならどうか、40代ならどうか、50代なら、60代なら……。私は、原稿を書くときには、常に「相場観」を意識しています。その世代を対象とした雑誌を読んだり、Ｗｅｂに目を通したりします。もちろん完璧な相場観をつかむことは難しいと思いますが、最低限のニュアンスはつかめます。そしてその相場観を、何を書くのか、の優先順位づけに、あるいは言葉の選び方に活かしていったのです。

読み手が知りたいことを想像できていますか？

相場観の大切さがある程度つかめてからは、私はいろんな年齢層を対象としたメディアで仕事をすることにまったく抵抗感がなくなりました。対象読者層を聞き、もしイメージしにくい場合は、編集担当者に細かい読者像をヒアリングします。時には、読者からのモニター調査やアンケートハガキなどを見せてもらうこともありました。

こうして全体の相場観をつかめた後は、ターゲットをさらに深掘りしていきました。例えば雑誌なら、企画によって「こういう人に読んでもらいたい」というターゲットの方向性があるものです。そこで、「こういう人」について分析を試みるのです。この企画を読みたい「こういう人」はどういう人なのか。何を求めるのかを考えていくのです。

これは私が職業としての文章書きをしていることが大きいかもしれませんが、とにかく意識するのは、読み手のことです。**読み手に面白く読んでもらうには、読み手のことをできるだけわかっていなければならないと思うのです。**読み手に面白いと思ってもらえて初めて、それは面白いものになるからです。

もちろん、すべての読み手を完璧に理解することは不可能ですが、そこに少しでも近づくことはできます。そこで、懸命に頭をめぐらせ、読み手について想像していくのです。この想像が、極めて重要なプロセスになると私は考えています。

そしてもうひとつ、このプロセスで、私はあることに気づいていきました。それは、私自身がターゲットであってもいい、ということです。ただし問題は、今の私を対象とするだけではターゲットゾーンに限りが出てきてしまうということです。

時折、若い読者向けのメディアなどで、「どうにも古くさいなぁ」と思える文章に出会うことがあります。それは、おそらく年配の書き手の方が、今の自分をターゲットにして書いてしまっているからではないか、と私は気づきました。年配の書き手が、自分が知りたいことのみを書いていたとするなら、ターゲットから外れた存在には面白いものになるとは思えません。

では、どうするのか。今の私自身だと年齢に制限が出てきてしまいますから、過去の自分をターゲットにするのです。私が25歳だったらどう思っていたか。何を求めていたか。どんな言われ方をするとピンと来たか。どんな話の展開ならムッとしてしまうか……。自分を題材にしたなら、イメージはぐっとラクになります。

いずれにしても読み手が知りたいことを徹底的に想像する。その姿勢はとても大事なことだと思います。実際、支持の高い雑誌やＷｅｂサイトは、これができているのではないでしょうか。対象ターゲットの違うメディアを、ぜひ読み比べてみてほしいと思います。

書く前に文章の構成を考えましたか？

リクルートで求人広告を作っていた時代、次第に制作スペースが大きくなり、見開き2ページの広告などを作り始めたとき、ある年配の方から言われた言葉をよく覚えています。「新聞記者というのは、文章を書くと決めたら600字なら600字、1000字なら1000字でピシャリと、あっという間に書けるもんだ」。ようやく少し長い文章が書けるようになっていた私は、「へー、そういうものなのか。あっという間に書けてしまうなんてすごいな」と思っていたのですが、その方の言葉は、誰かに吹聴《ふいちょう》された言葉でもあったのでしょう。なんともピント外れな発言だったことに後に気づくことになります。

新聞記者がピシャリと原稿を書けるのは、構成要素がおおむね決まっているからです。しかも、冒頭で文章の全体像について語り、それから各論を語っていくという流れもある程度は決まっています。事件記者などが書き始めてあっという間にピシャリと文字数を合わせられるのは、そういった決まり事がちゃんとあったから、だったのではないかと思うのです。

一方で、ゼロからひとつの文章を作っていくということになると、そうはいきません。あっという間など、とてもそんなわけにはいかない（少なくとも私はそうです）。実際、文章を書き始める前には、どんな流れにするか、まず構成を考えるところから始めます。

ところが、いきなり書き始めようとする人が、実は意外に少なくないということを後に知ることになります。あるとき、文章がスムーズに書けない、と若い人に相談を受けたことがあったのですが、聞けば、何の準備もなく、いきなり書き始めているというのです。また、まわりの同僚の多くもみんなそうしている、と。

もちろん、それで書き進められる人もいるのかもしれません。すらすらと文章が頭に浮かんでいく人もいるのかもしれません。でも、少なくとも私は違います。とりわけ文章を書き始めた頃は、紙に文章の流れをキーワードと矢印でメモ書きにして作っていたほどでした。こういう流れでこんな言葉を入れて、こんなふうにしめる。そういう構成があって初めて、書き始め、書き進めることができていたのです。

もし、文章がなかなか書き進められない、というような思いがあるなら、事前に構成をしっかり考えておくことをお勧めします。紙に書くのがベストですが、できないなら、頭の中で流れを考えてもいい。少なくとも、いきなり書き始めるよりは圧倒的に書きやすくなると思います。今でも、長文になるほど、私はそうしています。

そしてその構成を考えるとき、言うまでもなく重要なのは、読み手を想像することです。どうすれば読み手にうまく伝えたいことが伝わるか。読み手が心地よく読み進めることができるか。読み手を頭に描きながら、考えるのです。

導入に気を配っていますか?

では、どんなふうに構成を考えていけばいいのか。誰に伝えたいのかをイメージし、何を伝えたいのかの素材が集まり、優先順位がつけられたなら、まずは、優先順位の順番で紙に書いてみることをお勧めします。「伝えたいことリスト」の作成です。私は当初、これをよくやっていました。面倒に思えますが、実はメモ書き程度でいいので、書いたほうが断然、早かったりするのです。

そして、どういう順番で文章を構成するのが一番いいのか、「伝えたいことリスト」を前に考えてみます。ここで注意しなければならないのは、言うまでもないかもしれませんが、優先順位は伝えたいことの優先順位であって、文章にする優先順位ではない、ということです。一番、印象深く伝えられるように文章を置くことが大切です。

それこそ、文章にせずに、小見出しのように羅列《られつ》するだけであれば、伝えたいことの優先順位のまま並べればよいと思います。しかし、文章にするのであれば、そのまま並べてしまうだけでは流れとしてスムーズに読んでもらうことができないことが多いものです。バラバラの内容をただつなぎあわせただけの、平板な印象のものになってしまいかねない。これでは印象に残りません。

一方で文章の構成といえば、多くの人が「起承転結」をはじめとした文章構成術を子どもの頃から教わってきているわけですが、個人的な見解でいえば、それは忘れてしまったほうがよいと思っています（実際、私はそんな論理展開を意識することはありません）。むしろ、論理構成を意識しすぎて、展開がつまらないもの、ひどい言い方をすれば、わざとらしいものになってしまうケースもあります。

私が意識しているのは、とにかく「一気通巻《いっきつうかん》」で読んでもらうためにはどうすればいいか、ということです。**最も注意しなければいけないと考えているのは、実は導入で**

す。**導入に、最も印象深い内容、気になる内容を盛り込み、出だしに気をつけるのです。**想定した読み手が、「おや？」「あれ？」「ん？」「なんだこりゃ？」と思う内容や表現、「え？」「すごいな？」「ホントかよ？」と思えるような内容（数字や事実）を入れるのです。

間違ってもやってはいけないのは、「私は〜」といったごく普通の始まり方だと私は思っています。これでは、あまりに芸がなさ過ぎます。そもそも、これでは読み手は興味も関心も持ってくれません。先にも書いたように、読み手にとって読むことは大変なことなのです。読む義務はないのです。基本的には、読んでくれないものなのです。にもかかわらず、冒頭からつまらないのでは話にならない、ということです。読み手のことを考えたら、冒頭から少しでも面白く読んでもらうことを意識するべきだと思うのです。

展開をしっかり考えてから書いていますか?

では、どうやって構成するのか、続けましょう。導入にインパクトのある内容をチョイスできたなら、その導入から以下に、「伝えたいことリスト」の内容をどうつなげていけるかを考えていきます。一気通巻とは、伝えたい内容がつながっている、ということです。できるだけ内容がつながっている、関連する内容で展開がスムーズに流れていく構成を考えていくのです。ひとつのヒントは、やはり読み手が誰か、ということになるでしょう。誰に読ませたいか、どんな目的なのか、によって展開は変わっていきます。どういう結論にしていくか、ということによっても変わっていきます。

展開を文章で考えるのが難しいな、と思うのであれば、これも私が昔よくやっていたことですが、しゃべって伝えるときには、どういう展開にするか、ということを考えるのです。どうすれば、最もうまくその内容を伝えられるのか。印象深く、結論をしっかりと伝えることができるのか。文章で考えると悩んでしまうときも、しゃべるつもりで考えれば、意外にスムーズに浮かんでくるものです。

もうひとつのヒントは、シメの文章を決めてしまうことです。この内容はシメにふさわしいな、と思えるフレーズや内容を決めておく。そうすると、冒頭とシメが決まることになります。それから、シメに向かう流れを作ることを考えるのです。

「伝えたいことリスト」という表現が難しいなら、「この話はどうしても入れたい要素」と考えてもいいかもしれません。その要素を、どういう順番で入れれば盛り込めるのか、シメに向かっていけるのか、を考えます。このとき、構成要素が10あったとすると、実は中には要素が似たものや、つなげやすい要素があるものです。それを先につなげてしまうことで、大きく3つか4つのカテゴリー分けをしてしまうのもひとつの方法です。そして、この3つか4つをどう展開するかを考えるわけです。

細かな「入れたい要素」だけを眺めているとなかなか決められない展開も、「要するに、こうなって、こうなって、こうなる」という大きな物語ともいうべき枠組みを先に作ることができれば、比較的作りやすくなります。

そして、構成を考えるとき、もっといえば、書くときに注意すべきことをひとつだけ挙げておくとすれば、順接の接続詞をなるべく使わない、ということです。**とりわけ「また」「さらに」をなるべく使わない。これらは使いやすい接続詞なのですが、これを使うと、どうしても流れが平板で面白くないものになってしまうのです**（私はあまり使いません）。逆に「しかし」「でも」などの逆接の接続詞は、特に文章の中で意識して使う。これが展開に変化を作ってくれます。

読み手に何か発見がありますか？

これは構成をどうするか、というよりも、伝えたい内容をどう選ぶか、ということに近いのかもしれませんが、私が書くときに意識していることに、「読み手はきっとこういうことは知らないだろう」ということを書くというものがあります。できるだけそれを多くすることを考えます。

忙しい時間を割いて文章を読んでもらうのです。読み手に何かメリットがなければ、申し訳が立ちません。「へーえ、そうなんだ」「これって、そういうことだったのか」「こんなふうに考える人がいるんだ」という驚きを持ってもらえる内容を、ひとつでもたくさん入れたいと思うのです。そうすることで、読み手はなにがしかの発見を手に入れることができますし、面白く読んでくれると思うのです。

そして、ここで生きてくるのが、先にも書いた「相場観」なのです。例えば、ある企業についての文章を書く。このとき、多くの人がその企業に対して持っているイメージ、多くの人がその企業について知っているであろう要素がわかっていると、文章は極めて書きやすくなります。「きっとこういうことは知らないはずだ」という仮説が成り立ちやすいからです。「へーえ」が作りやすいわけです。

逆に相場観がなければ、「なんで当たり前のことばかり書いてるんだ」ということになりかねません。もちろん、その企業について詳しい人が読んだなら、ほとんどの文章に発見はなくなってしまいますから、そこでターゲットをどこに据《す》えるか、という意味がまた生まれてくるわけです。どの程度の相場観にある人なのか、というのも、ターゲットをイメージするときに、極めて重要な想像になるのです。

インタビュー記事でも同様です。「おそらくこの人はこういうことを言う人なのだろう」と思っている人が、意外な言葉を発したりすることがあります。そうなると、これは導入の候補になりえます。例えば、堅い会社だと思われている会社の社長が、「いやいや若い頃は無茶ばかりして、人事に目をつけられていたんですよ」なんて話をしてくれたなら、もう、してやったりです。

　インタビュー集『プロ論。』では、この手法をたくさん使いました。**おそらく読者はこういうイメージを持っている。そういう人が、意外な言葉やメッセージを発する。だからこそ、そのギャップは面白くなります。印象に深く残るのです。**

　いってみれば、これは読者を意外な事実によって挑発する、というやり方といってもいいかもしれません。挑発することで、読者を文章に引き寄せ、結果的に読者にとってプラスになる発見をしてもらう、ということです。

挑発だけでなく安心もさせていますか？

イメージと異なる言葉やメッセージを発することで、読み手に意外な思いをさせるという方法論がある一方で、逆に、イメージをそのまま使ってしまう、というやり方もあります。普通の人がこれを言ったら、ごくごく普通の言葉になってしまうけれど、この人が言ったなら重みを持つ、というケースもそのひとつです。

転職を1回しかしたことがない人が「転職は慎重にしたほうがいい」と言っても、それほどインパクトはありませんが、転職を12回した人が「転職は慎重にしたほうがいい」と言ったなら、同じ言葉でもまったく重みが違います。

また、「この人にならこれを言われてもいい」というケースもあります。ある人に「お前の考えは甘い」と言われたらムッとしてしまうのに、「この人に言われたなら仕方がないな」と思える人がいるでしょう。そうした既存のイメージをうまく活用してしまうのです。

これは、自分自身がメッセージの発信者になるときにも、使える方法です。**自分がまわりからどう見られているか。それを理解した上で、意外な挑発の言葉を発してみたり、意外な安心の言葉を発してみたりすることで、読み手をハッとさせることができる**、ということです。

ちょっとした一言を社内報などに書いて、「この人はうまいなぁ」と思わせる人がいます。文章のセンスはもちろんあるのだと思いますが、それ以上にまわりから自分がどう見えているか、という相場状況を把握し、そことのギャップをうまく活用しているケースが多いのではないかと思います。「この人がこんなことを書くんだ」という意外性が、面白さを醸し出してくれる、ということです。

そう考えても、「相場観」がいかに重要か、ということがおわかりいただけるかと思います。後に詳しく書きますが、インタビューなどでは事前にできるかぎりのことを調べます。そのとき、インタビューさせていただく人がどんな人なのか、を調べる一方で、世の中からどう見られているのか、ということを把握するように努めます。そうしなければ、「へーえ、この人ってそうなんだ」という要素を、取材で引き出すことができないからです。

そしてこれは、文章を書くあらゆる場面で問われてくるものだと思います。それこそ誰に向けて書くか、によっても相場観は変わります。雑誌にしても、どの雑誌に書くかで相場観は変わります。Ｗｅｂなのか、新聞なのか、社内報なのか、メルマガなのか、個人的なメールなのか、などメディアによっても変わるでしょう。クライアントに向けたものか、部長向けか若手向けか、ということによっても変わります。

文章を書き始める前に、こうした「相場観」にちょっとだけ頭を巡らせてみてください。

第3章
プロ文章家の心得

読みやすくなる工夫をしましたか？

読み手をハッとさせたり、「へーえ」と思わせたりするのは、読み手になにがしかを得てほしいという気持ちがあるからだ、と先に書きました。しかし一方で、そのほうが読みやすくなるから、ということもあります。知っている内容がダラダラと書かれた文章よりも、「へーえ」が連発されている文章のほうが、興味を持って読み進められるでしょう。「相場観」を使った挑発や安心は、実は読みやすくなる工夫のひとつでもあるのです。そしてこの「読みやすくなる」という点もまた、私が強く意識していることでもあります。

先に文章には１００点満点はない、と書きましたが、読みやすいか、読みにくいか、には個人差があります。それは当然だとは思いますが、基本的には大きく分けて、読みやすい文章と読みにくい文章に世の中の文章は分けられてしまうと思うのです。そして、できるならば、読みやすい文章を書きたい。そのほうが、内容を理解しやすいからです。

では、どうすれば読みやすくなるのか。まずは、できるだけ平易な言葉を使う、ということです。もちろん、平易がいいからと、ひらがなばかりで文章を書け、と言っているわけではありません。実は、ひらがなばかりでは、逆に読みにくくなるのです。

心がけたいのは、大人が読んだときに、ちょうど頃合いの平易さの文章だと思っています。それこそ、話し言葉の平易さ、がひとつのモノサシでしょうか。難しい漢字や難しい語彙《ごい》は、できるかぎり私は避けます。それこそ、話し言葉で、難しい漢字や難しい語彙を使ったりすることはほとんどないでしょう。使い慣れていない言葉を、文章だからとわざわざ使うことはないと思うのです。経験がある人も多いと思いますが、難しい漢字が1文字あるだけで、文章を追っていた目が止まってしまうことがあります。使い慣れない言葉や漢字を使ってしまうことで、気持ちよく読み進めていた読み手の目がストップしてしまうかもしれないわけです。

もうひとつ、シンプルな方法が「行替え」です。メールなどでも、文字をびっしりと書き連ねてくる人がいます。びっしり書かれ、ぱっと見て真っ黒になっている文章は、私などはそれだけでもう疲れてしまいます。せめて、できるだけ行を替えていく。**白いスペースを増やしていく。たったこれだけのことで、同じ文章でも、読み手にはまったく印象が変わって見えるのです。**

メールでは、行を空けるのも有効だと思います。実は「、」「。」も考え方は同じです。どうつけるかのルールを気にするより、読み手にとって、あったほうが読みやすいかどうかで、置くかどうか、置く場所はどこかを考えればいいと思うのです。少しでも読みやすくしよう。相手が理解しやすいものにしよう。そんな意識は、自然と読みやすくする取り組みにつながります。そしてそれは、読み手に必ずや伝わると思うのです。

長い文章を書いていませんか?

読みやすい文章を心がけるとき、これもまた大きなポイントになってくるのが、文の長さ、ひとつのセンテンスの長さだと思っています。時折、やたらとひとつのセンテンスの長い、読みにくい文章に出会うことがあります。どこに主語があり、どこが述語で、どの内容をどこが受けるのかよくわからない。文が長くなればなるほど、そういう危険性が高まっていきます。

それこそ私が文章に苦手意識を持ったことのひとつには、国語の教科書の影響も小さくありません。国語の教科書に載っていた例文や問題の中には、(試験問題だったから、なのでしょうが)やたらと長いものがあり、どういうわけだか、その印象が強く残ってしまっていたのです。先に、文章に対して思い込みを持っているのではないですか、と問いましたが、実は私自身が完全に「文章は長くて難しい」と思い込みを持っていたのでした。

むしろ、短いセンテンスの文をどんどん書いて、つなげていけばいいのだ、ということがわかったのは、広告コピーの仕事を始めてからです。結局のところ、文章は自分で生み出すのではなく、浮かび上がってくる事実を積み上げて書くもの、ということがわかってから、ともいえます。浮かび上がってくる事実を、できるだけ平易な言葉で、できるだけ短いセンテンスで書き連ねていく。なんだ、文章というのはこれでいいのか、ということを思ったのを覚えています。

そもそもセンテンスの長い文を書こうとするからこそ、文章は難しいものになってしまうのです。ですが、短いセンテンスの文なら、それほど難しいものではありません。このことを理解するだけでも、文章に対する苦手意識はずいぶん払拭《ふっしょく》されるのではないかと思います。

一文の目安としては、40字から80字くらいだと思います。私はワープロのワードのフォーマットファイルを、40字×40行で設定しています。1行が40字で設定してあるので、書きながら一文がおおよそどのくらいの長さになっているのかがすぐにわかるのです。そして、長すぎるな、と思ったら半分に切ってしまいます。

だいたい長い文というのは、「〜であるが」といった逆接の用語が多用されていたりするものです。そこで切ってしまって、「〜である。しかし」としてしまえば、済む話だったりするのです。たったこれだけで、読み手側には、まったく印象は変わります。

実は、何を書くか、という要素がしっかり整理できていれば、意外に文は長くならないものだったりもします。逆に、整理できずにいきなり書き始めたりすると、長い文という読みにくい文章の罠《わな》に陥ってしまうようです。

手垢のついた表現を使おうとしていませんか？

読みにくい、というよりは、理解がしにくい、ということにもなるのですが、これまた時折見かけるのが、メディアなどでよく使われる慣用句が多用された文章です。繰り返しますが、新聞やテレビを非難するつもりはありません。新聞には優れた文章もたくさんあります。ただ、新聞を読んでいても、よくわからない、という人は実は少なくないと思うのです。読みやすいか、理解しやすいか、という点では、新聞の文章を基準にするべきではないのではないか、というのが、私の考えである、というだけです。

そして、新聞で使われているから、これを使っておけば大丈夫だろう、という思いがあるのか、あまりに安直に慣用句が使われているケースをよく目にします。「未知数である」「懸念をはらむ」「警鐘を鳴らす」……。特に難しくない言葉もあります。

しかし、新聞でよく見る言葉だからでしょうか、それこそ「相場観」によっては手垢のついた表現に思えてしまうのです。それが、ポンと普通の人の文章にあるだけで、なんとも新鮮味のない文章に見えてしまう。不自然になってしまう。何もわざわざ、そんな言葉を使う必要はないのに、どうして使ったのか。もしかして、文章をうまく見せようと考えているんじゃなかろうか、などと勝手な想像まで、されてしまいかねない。

私が慣用句的な言葉を使うべきではないと思うのは、それが、「わかっているようで、実はよくわからない」言葉である可能性が高いから、です。だからこそ、使いやすい便利な言葉としてメディアでも重宝《ちようほう》されているのではないかと思うのです。しかし、それを普通の人が気軽に使ってしまう危険は、やはり大きいと思います。できれば、それは避けたほうがいい、くらいに私は思います（私もできるかぎり使いません）。

先に触れた形容詞や形容的な言葉もそうですが、なぜそれを使うことが良くないかといえば、まさに「わかったようでよくわからない」言葉だからです。それでは、相手に伝わらないのです。伝わるべきことが、伝えられていない、ということになりかねないからです。

書き手が「わかっているようでわかっていない」言葉を使うと、間違いなく読み手にも「わかっているようでわからない」言葉になってしまいます。とりわけ、企画書やレポートなどでは、それだけで興ざめしてしまう、という印象を持つ人も少なくないのではないかと思っています。

なぜなら、思いや感触を、自分の言葉で伝えられていない、ということになるからです。新聞などでよく使われる慣用句がひとつあるだけで、企画書が台無しになってしまう可能性がある。それは、ぜひ知っておいてほしいことだと思っています。

リズムを意識していますか？

読みやすい文章にする取り組みとして、私が強く意識していることに、文章のリズムがあります。センテンスをどこで切るか。どこに「、」を入れるか。同じ意味の言葉の中から、どれを選ぶか。「です」と「である」をどう使い分けるか。行替えをどこでするか……。こういう判断をするとき、内容に次いで重視するのは、実はリズムだったりします。

いつも目指しているのは、リズムよく、するりと読めることです。リズムを強く意識するようになったのは、広告コピーの仕事をしていたことが大きかったかもしれません。すでに書きましたが、広告コピーは基本的に読んでもらえないものなのです。それを、いかに読んでもらうか。最初の一行を読み始めたら、いかに最後まで一気通巻で読んでしまえるか。私はそのことを強く意識するようになりました。

実際、優れた広告コピーというのは、そういう作りになっているものが少なくありません。広告コピーというと、ポスターなどで大きく掲出される派手なキャッチコピーに目が向かいがちですが、実はキャッチコピーを受けたボディコピーには、名作がたくさんあることを当時、知ったのでした。

今も本棚に入っていますが、当時よく手にとっていたのが、『名作コピー読本』（誠文堂新光社）という、著名なコピーライターのボディコピーをたくさん集めた本でした。それらの名作を何度も読んでいるうちに、いずれも見事なリズムがあることに気づいたのでした。

しかし、どのコピーもリズムはバラバラなのです。それでも、なんとも心地よいコピーばかりでした。そこで、**リズムは固定のものがあるわけではない、自分のリズムを作ってしまえばいいのだ、ということに気がついたのです。**

リズムができていったのは、おそらくリズムを意識するようになっていったからだと思います。何度も読み込み、書き進めているうちに、自分のリズムができるようになりました。どんな文章を書いても、自分のリズムで書けるようになっていったのです。そして、いつしか「リズムがいいね」というお褒めの言葉もいただけるようになりました。

誰のリズムがいい、というものはないと思います。ただ、自分にはわかりませんが、私には私の一定のリズムがあるようです。大事なことは、このリズムを作ることです。

好きな作家のリズムもひとつのヒントかもしれません。私はいろんな作家の本を読むよりは、大好きな作家の大好きな小説を何度も読むことを好んでいます。そうやって何度も読んでいるうちに、その作家のリズムが自分の内に入っていったということも言えるかもしれません。

いずれにしても、まずはリズムを意識することから、です。

自分で読み返してみましたか？

これはリズムづくりとも密接に関わることですが、自分で書いた文章をきちんと読み返しているか、ということも、文章を書き進める上での大事なステップだと思っています。もちろん、誤字や脱字、基本的な文法の間違いなどが見つかることもあるでしょうし、「もうちょっとこう書いたほうがいいな」と思えるところを修正するのにも、読み返しは大事な機会になります。

ところが、「これは読み返していないだろうな」と思える文章に出会うことは少なくありません。メールなどの短い文章でも、絶対に一度は読み返してみるべきだと私は思います。先にも書いたように、文章は怖いものなのです。一度の間違い、過ち、勘違いが、とんでもない事態を引き起こす可能性があります。にもかかわらず、あまりに無防備なメールが少なくないのです。

そして読み返してみる効用として、実はとても大きいのがリズムの調整ができることです。**私は原稿を一通り書いたあと、まずはざっと読み返します。2度目に読み返したときに、構成を確認します。3度目に読み直したときには、言葉を確認します。そして4度目に読み直すときには、リズムを確認するのです。**いかに読みやすい文章になっているか。スムーズに理解ができるか、です。このリズムの確認で、文章の微調整を行っていきます。

自分になぜリズムができたのか、そのヒントに、私はこの読み返しがあったと思っています。何度も何度も自分の文章を読み返しているうちに、「ああ、これが自分のリズムなのか」ということに、私自身が気づいていったのではないかと思うのです。

わかりやすくて、平易で、テンポがよくて、歯切れがいい。

そういうリズムの文章を、私自身が好んでいたということです（もとより難しい文章は嫌いなのです)。それを読み返すことでブラッシュアップし、さらに自分の中に再びフィードバックしていったのではないかと思います。結果的に、リズムがよりよいものになっていったのではないかと思うのです。

つまり、何度も読み返すことは、自分のリズムや、自分の文章を確立させていくことにつながる、ということです。何が心地よい文章なのか、自分自身でチェックしていくことができるわけです。もし、心地がよくないのであれば、それは修正するべきだ、ということにも気づけます。だからこそ、徹底的に読み返しを進めてみてほしいと思うのです。

書いたあとに、さっと読み返してみる。それは書いているうちに熱かった気持ちが、冷静になれる瞬間でもあります。だからこそ、見えてくるものがたくさんあるのです。

書いた後、寝かせていますか？

これは、文章を書くことを生業にしているから、なのかもしれませんが、私は基本的に書いたものをすぐにクライアントである編集者や制作担当者に送ることはしません。少なくとも半日、長ければ3日や1週間、原稿を寝かせておきます。それから再び原稿を読み直し、再度、修正をして、ようやく原稿を送るところに至ります。

リクルートで求人広告を作っていた頃、何が一番辛かったのかといえば、見直しの時間が少なかったことでした。当時、主に作っていた求人誌は週刊誌。とりわけ駆け出しの頃は、小さなスペースの広告がほとんどでしたから、それこそ制作日数は2日もあるかないか、ということがよくありました。木曜日に営業担当者が獲得してきた広告を、月曜日にはクライアントに出し、火曜日には原稿を戻してもらって、印刷工程に回し、次の木曜日には売り出されている、といったことはザラでした。

そして印刷して広告になったときになって初めて、「こうしておけばよかった」「ああしておけばよかった」という思いが出てきてしまうことがよくあったのです。しかし、印刷されてしまった後では、もう直しようがありません。ここで痛感したのが、原稿は数日、置いたほうがいいのではないか、という思いでした。寝かせておいて読み直して出すことができれば、「こうしておけばよかった」などということはなくなるということです。

その後、制作スペースが大きくなるにつれて、制作にかけられる日数が多くなっていきました。そこで、数時間でもいいので原稿は必ず寝かせるクセをつけたのです。これは原稿を書くことにかぎらず、ですが、何かに熱中して取り組んでいるときには、気持ちが前のめりになって熱くなっているものです。とりわけ、「お、これはいい感じだぞ」「この人はすごいな」と思って書いていると、熱い気持ちをそのまま文章にぶつけてしまいがちです。

しかし、ここでも重要なのは読み手の目線です。読み手は、必ずしも熱い状況にありません。そうすると、熱い書き手とギャップが生まれてしまうのです。そこで、原稿を寝かせ、時間が経ってから読み直すことが意味を持ってきます。醒めた目線、読み手の目線で、原稿に再び接することができるわけです。

これは、**取引先や会社に提出する企画書やレポートも同じだと思います。熱い気持ちで書いていても、読む側は醒めていることが多い。これでは本来なら伝えられたものも、伝えられなくなる可能性があります。**もっと意識すべきなのは、実はメールかもしれません。メールを1日寝かせる、なんてことは難しいと思いますが、難しいお願いごとのメールなどは、必ず頭を冷やしてから再度読み直してみるべきだと思います。後で振り返ってみると、思ってもみなかったようなメールを、送っていたりするものなのです。

誰かを不快にさせていませんか?

ある人にとってはなんでもないことが、ある人にとってはものすごく気になり、場合によっては不快にさせたり、傷つけたりすることすらある。会社でも学校でも家族の間でも、誰もがこうした気遣いを自然にしながら日々を過ごしているのではないかと思います。今、言うべきではないな、という言葉をぐっと飲み込むことは、ごく普通の行動ではないかと思うのです。

ところが、これが文章を書くという段になると、忘れ去られてしまうことが少なくありません。記名のブログなどでも、信じられないような記述に出くわすことがあります。それこそ、人としての品格を問われるような文章に遭遇することもときどきあります。

どうして、わざわざこの内容をここで書いてくるのかな、という内容が書かれていたり、びっくりするような差別的な表現が使われていたり。私にしてみれば、形になって残る文章のほうが、むしろ会話よりもはるかに怖いものだと思うのですが、なんとも無防備に文章が綴られていたりするのです。

とりわけネット上では、匿名でも文章が出せることが大きいのでしょう。読んでいて本当につらくなるものもあります。批評や批判をするにしても、何もこんな書き方をしなくても、と思えるものも少なくありません。対象に対する敬意がまるで感じられないのです。

批評や批判に関して私が思うのは、対象があるからこそ、批評や批判はできるのだということです。対象がなければ、批評や批判はできません。もちろん、**批評や批判をするべきではない、と言っているのではありません。批評や批判をする側は、対象があるからこそ存在できる文章なのだということを認識し、少なくとも対象へのそれなりのリスペクトがあってしかるべきだと思うのです。**

これは批評ではなく一方的な批判だけが目的ではないか、といった、ひどい内容に出会ったときには、いったい書き手は、どんな気持ちでこれを書いているんだろうと思ってしまいます。まるで誹謗《ひぼう》中傷をするだけのために文章を書くというのは、なんとも寂しく、悲しいことだな、とも思います。読んでいても、辛いものがあります。それでは、読み手の共感はまず得られないと思うのです。

誰に向かって書くか、を明確にすることが大事だと書きましたが、実は「相手を不快にさせない」という意味でも、それは極めて重要なことだと思っています。読み手を頭に入れておけば、少なくとも失礼な文章にしようとはしないでしょう。逆にいえば、読んでもらう相手をイメージできていれば、不快な文章は書かなくて済む、ということでもあります。

ネットのような不特定多数を対象としたメディアでは、難しさがあるのも事実かもしれません。それでも、少なくとも人を傷つけたり、不安な気持ちにさせたり、不快な気持ちにさせたりする可能性のある文章は書くべきではない。私はそう思っています。

批判的な視点だけで書こうとしていませんか？

文章の世界では大先輩に当たる著名なジャーナリストの方に取材をしていて、印象深い話を伺ったことがあります。何かや誰かを批判する文章というのは、比較的書きやすいものだ、というのです。だから、みんな批判的な文章を書きたがる。**批判的な文章を書いていると、文章が書けたかのような、うまくなったかのような気になってくる。それは、文章書きとしての大きな落とし穴である、**と。

これには、読み手の潜在的なニーズもある、と言われていました。メディア、とりわけ新聞の読者というのは、知らず知らずのうちに悲観的なニュースを求めてしまっているものだ、と。実際、駅売りの新聞は、ネガティブなニュースのときに売れます。景気が良くなった、という一面は売れませんが、大不況がやってくる、といった一面は売れる。だからメディア側は自然と、悲観的で批判的な内容を求めるようになってしまう。つまりは、読み手と書き手の双方で、ネガティブなスパイラルを起こしてしまいがちだということです。

そして彼はこうも言いました。うまく褒める文章こそ、実は難しい、と。いつも批判的な記事を書いている彼がそう語るのを聞いて、私は驚いてしまったのでした。そして私は、これまた自分自身は本当に幸運な経験をさせてもらってきたのだと思うに至ったのです。それは、求人広告の制作からキャリアをスタートさせてきたからです。求人広告とは、クライアントとなる広告主による、「自分のところはこんなにいい会社なんだよ。だからウチに来ないか」というメッセージを発する広告です。つまり、自分で自分を褒めなければいけない広告なのです。

しかし、自分で自分のことを自慢している人に、さて人はいい印象を持つでしょうか。そこで、制作者の出番がやってくるわけです。自慢なのだけれど、自慢にならない。「お、この会社はいい会社だな」と自然に思ってもらえるような内容に仕立て上げていく。私はずっとその訓練をしていたのでした。

だから、個人的に批判的な視点ばかりの文章が好きではない、ということもありますが、私はそのジャーナリストの話に極めて賛同したのでした。そして、もしできるなら、うまく相手を褒められる文章を書いていきたい、と思うようになっていったのです。

私は書籍も出させていただいていますが、批判的な視点があまりないことに批判をいただいたことがあります。もちろん批判精神が私にまったくないわけではありません。ただ、しなければならない批判もありますが、無理矢理にしなくてもいい批判もあると思うのです。それでなくても批判はメディアの世界に溢れています。できることなら、上手に褒めてあげられる書き手でいたい、と思っています。

「これだけは」を持っていますか？

文章の技術的なことにはそれほどこだわりがない、と「はじめに」で書いていましたが、こうやって文章にしてみると、意外にあったことがわかりました。申し訳ありません。これは不思議なことなのですが、なぜか文字にしてみると思わぬことが浮かんできたり、思い出すことができたり、沸き上がってきたりするものです。

ですから私はデスクの横には、ミスプリントのA４用紙を大量に置いておいて、何かあればすぐに文字に落とすことにしています。とにかく何か書いていると、ターゲットのことや、構成や、伝えたい要素が、ハッと浮かんできたりするのです。

その意味では、文章を書き始める前に、真っ白なA４の紙と赤いペン（よく不思議がられますが、メモなどになぜか私は赤いペンを使います）を用意するのは、私のセオリーのようなものなのかもしれません。書籍のお手伝いをしたことのあるフランス人は、何かを書く際のノートやペンは、自分のお気に入りのものを使うことに徹底的にこだわっていました。文章を書くときには、「これだけは譲れない」というものを、何か作っておくといいのかもしれません。

そして、それは書く準備のような「形」もあれば、書く心得や技術的なことにも当てはまると思います。先にリズムについて触れましたが、リズムを大きく阻害するもののひとつに、同じ言葉を繰り返してしまう、というものがあります。もしかすると私にとっての「文章術」としてのこだわりは、リズムへのこだわりであり、「同じ言葉を繰り返さない」というところにあるかもしれません。どういうわけだか、同じ言葉やフレーズが近くにあると気持ちが悪くなるのです。それだけはなぜだか、許せないのです。

単語でも接続詞でも主語であってすら、できるだけ近くでは繰り返さない。これは間違いなく私にとっての「これだけは」になると思います。では、繰り返さなければいけないようなときにはどうするか。言葉を換えてしまうのです。

もうひとつ「これだけは」があるとすれば、もともとコピーライターでもあったこともあり、タイトルや見出しへのこだわり、ということになるでしょうか。タイトルで意識しているのは、できるだけ具体的な内容を置く、ということです。

タイトルはすでに決まっているケースもありますが、その場合は見出しに印象的な言葉や内容を置きます。文章を総括した見出しを置くのではなく、気になる言葉やフレーズを、そのまま置いてしまうのです。これは好き好きもあるかとは思いますが、基本的に「ん?」と思って読んでもらいたいのが、私の考え方です。なんだこれは? くらいの言葉やフレーズのほうが、読者の興味をそそると思うのです。

一人ひとりの「これだけは」、ぜひ意識してみてほしいと思います。意外に気になるものです。

いい文章を読もうとしていますか？

文章がうまくなるための方法論としては、間違いなく、うまいと思っている人の文章を読み込む、ということが挙げられると思います。世の中には古典も含めて名文と言われるものがたくさんありますが、大切なことは、あくまで自分がうまいと思った文章を読み込む、ということだと私は思っています。

世の中で名文と言われているものがダメなのだと言っているのではまったくありません。そうではなくて、自分で「何がうまいのか」を意識することが大切だと思うのです。人に言われたからではなく、自分で認識する。そうすることによって初めて、うまいものが見極められるようになる、と私は思うからです。

その意味では、書き手はどんな人でもいいと思います。小説家でもいいし、ビジネス書の書き手でもいいし、雑誌のジャーナリストでもいい。社内のレポートを書いた人でもいいし、社内報に書いている人でもいい。

私の場合は、先にも紹介した『名作コピー読本』に登場するコピーライターの方々の文章でした。それこそ駆け出しの頃は、何度も何度も読み込んだことを覚えています。これがもし、世の中で名文と言われているものを何度も読まなければならなくなったとしたら、私にはけっこう苦痛だったと思います。なぜなら、そういう本を手にとっても、私にとってはそれがうまい文章などとはちっとも思えなかったからです。しかし、『名作コピー読本』は自分から「これはうまいな」と心から思えるものだったからこそ、読み込むことができたのです。

もうひとつ、当時やっていたのが、これも先に書きましたが、自分も制作に携わっていた求人誌をパラパラとめくり、「これはうまいな」と思うものをピックアップすることでした。今から振り返ってみれば、私は世の中でいう名文に納得できなかったからこそ、自分で勝手に「どれがうまい文章なのか」という審美眼を養おうとしていたのかもしれません。

誰かに「これがうまいよ」と言われるのではなく、自分自身の中で「これがうまい」というものを決めようとしていたのです。だからこそ、自分の中で「これがうまい」というものが確立できたのだと思うのです。

文章には100点満点はない、と書きましたが、自分にとっての100点はあると思っています。確立させるべきは、自分だけの100点だ、ということです。なぜなら、それがなければ、目指すゴールがないからです。**うまいと思えるゴールがないのに、うまいというところに到達することはできません。文章の難しさとは、もしかすると、そのゴール設定の難しさにあるのかもしれません。**でも、一度ゴール設定ができれば、後は追いかけるだけなのです。

なぜいい文章なのか、分析していますか？

うまいと思える文章を見つける。そして読み込む。それが大事だ。と、こう書くと、「そりゃそうなんだけど……」という声が聞こえてきそうな気もしてきました。

私は文章を書くことを生業にしていますから、何度も文章を読み込んだりすることも仕事のひとつですが、普通の仕事の人はそんなことをするのはたしかに難しいかもしれません。であるならば、ひとつ意識してみてほしいことがあります。

何がいい文章、うまい文章なのか。自分にとっての「うまい」を見つけやすくし、自分にとっての審美眼を養うひとつの方法に、「それがなぜいい文章なのかを分析してみる」というものがあるのです。

冒頭で、もらった失礼なメールを検証していた話を書きましたが、それこそ日々接する文章から、審美眼を養う訓練が、実は簡単にできてしまったりします。**「お、これはうまいな」と思ったり、「こりゃ、ひどいな」と感じた文章に出会ったとき、「どうしてうまいと思うのか」「どうしてひどいと思うのか」を自分で分析してみるのです。**

うまいと思ったときには、うまいと感じた理由が必ずあるはずです。どういうところにうまさを感じたのか。言葉なのか、わかりやすさなのか、リズムなのか。展開なのか、内容なのか、シメの文章なのか。まとまった文章でなくても、メールひとつでそんな思いを抱かされることも少なくないと思います。

そんなとき、「どうしてこのメールを、自分はうまいと思うんだろう」と考えてみてほしいのです。もしかすると、意外なところにいいと思う秘密が潜んでいるかもしれません。いずれにしても、「うまい」と思っている自分がいるわけですから、必ず理由があるはずなのです。

一方で、「ひどいな」と思える文章についても分析をしてみてください。社内を流通している書類や企画書、提案書、稟議書《りんぎしょ》など、文章なら何でもいいと思います。もちろんメールでも構いません。「どうしてひどいと感じるのか」を洗い出してみるのです。これは、相手に「ひどい」と思われる文章を送りつけずに済む、ひとつの方法にもなります。

私は今もよくこれをやっています。真剣に分析したりすることはもうなくなりましたが、なぜだろう、と考えてみることはよくします。これをやることで、たくさんの文章を意識的に読み込むことになるからです。そして同時に、私は「今どきの文章の相場観」を学んでいます。文章も時代によって、流行《はや》り廃《すた》りがあります。できることならば、今に合った文章を書いていたい。それは、職業文章家としての願いでもあります。たくさんの「今」の文章に接することだけが、それを可能にしてくれると、私は考えています。

コラム1　ライターという職業

文章を書く仕事には、いくつかの名称があります。ライター、コピーライター、ノンフィクションライター、ジャーナリスト、記者、コラムニスト、あとはもちろん作家。小説を創作する作家を除けば、それぞれがどのように違うのか、一般の方にはわかりにくいかもしれません。

大きな枠組みでいきますと、この中で例外的な扱いになるのは、コピーライターになると思います。コピーライターは日本では、広告の分野で広告コピー（キャッチフレーズやボディコピーなど）を制作する職種を指します。

私もリクルートで仕事をしていた頃は、コピーライターを名乗っていました。これは個人的な見解ですが、やはり広告コピーを制作する仕事というのは、文章を作る仕事においても、極めて専門的な色彩が強い仕事だと思います。言葉を換えれば、ライターなど他の職種の人たちが、おいそれと手を出すことはできない種類の仕事だということです。もちろん、どんなものを作るのか、あるいはかかる予算にもよるのですが。

大きな広告キャンペーンなどになると、キャッチフレーズひとつとってみても、わずかな文字数とはいえ、それがひねり出されるまでのプロセスは極めて複雑であり、また時間もかかっています。予算の大きな仕事になれば、数十もの企画案が出され、数十の、場合によっては数百ものキャッチコピー案が出されているのではないかと思います。その結果として、あの一行の広告コピーがあるというわけです。

しかし、そんなに頭を振り絞っているのに、中には大してインパクトのないものもあるじゃないか、という感想もお持ちかもしれませんが、そこには広告であるがゆえの他の職種とは異なる厳しい事情があります。クライアントの存在です。

コピーライターがどれほど優れた広告コピーを作ることができたとしても、最終的にゴーサインを出すかどうかは、クライアントである企業が決めるからです。キャンペーン予算が大きくなればなるほど、一般的にはクライアントは大企業になります。担当者レベルではＯＫが出たとしても、それが会社の上層部に受け入れられるとかぎりません。

意思決定のプロセスが上に向かえば向かうほど、エッジの立った企画はトーンダウンさせられがちなのは、広告にかぎらず、あらゆる仕事でもそうかもしれません。結果的に、エッジの立った企画はボツにさせられ、あたりさわりのないものになっていく可能性も高い、ということです。

しかし、そんな中でも、極めて印象的な、あるいは個性的な広告は成立していますから、会社の上層部ですら納得させられるようなものを作らなければいけない、ということにもなるのかもしれません。一方で、思い切った企画が通りやすい風土を持った会社もあります。面白い広告は、いつもだいたい似たようなクライアントから出ているな、という印象をお持ちの方も多いと思いますが、これはそういう理由からです。

少し本題から話がそれてしまいましたが、広告を作るコピーライターについて、他の文章を書く仕事とは異なることがイメージしていただけたのではないかと思います。ただ、コピーライターは基本的に短い文章を紡ぎます。よって、雑誌の記事などの長文を書くようなことはまずないといっていいでしょう。

また、広告コピーといっても、キャンペーン予算によって千差万別であるのが事実。あらゆるコピーライターが、広告キャンペーン全体に関わるような仕事をしているとはかぎりません。雑誌広告だけを作る、パンフレットやリーフレットを作る、など仕事の種類はさまざまです。したがって、コピーライターと名乗っていない人が、広告に関わるものの制作に携わることももちろんあると思います。

広告に関していえば、ポスターや新聞広告、雑誌広告などの一般的な広告のほかに、記事広告という分野があります。クライアントが広告主として協賛しながら、ページの構成は記事になっている、というものです。

新聞・雑誌で、文章がたくさん書かれている記事なのに、企業名のロゴが入っていたりするスペースを見かけますが、それがまさに記事広告です。メディアによっては、「これは記事広告です」と何らかの形で表記しているものもあります。

記事広告に関しては、コピーライターが書くとはかぎりません。むしろ、長文のものも多いだけにライターの活躍する分野といえるかもしれません。いわゆる記事とは別で、多くのライターが記事広告の制作に携わっています。化粧品、家電など、ジャンルごとに記事広告のスペシャリストがたくさんいます。

では、他の文章を書く職種はどう分けられていくのか。これは、私の勝手なイメージなのですが、マトリックスにすると理解しやすいと思います。縦軸に「オピニオン性」、横軸に「テーマ性」を置きます（次々頁参照）。

オピニオン性とは、「こうするべきではないか」という意見性が書き手にどのくらいあるか、あるいは「こうするべきではないか」と語れるほどのレベルで書く内容を深掘りしている、ということです。それが最も強い書き手といえば、やはりジャーナリストということになるのではないでしょうか。

また、テーマ性は、大きく分けて堅いテーマから、やわらかいテーマまで分類できると思います。典型例は、社会や政治をテーマにしたものか、エンターテインメント性にフォーカスしたものか、ということです。

これも私のイメージですが、エンターテインメント性にフォーカスしたテーマに多い書き手が「コラムニスト」だと思っています。また、テーマが堅かったとしても、エンターテインメント性を意識した展開や書き方になっていることが多いと感じます。

雑誌などの連載コラムも、ジャーナリストとコラムニストでは、やはりまったく違った誌面になっています。ジャーナリストのコラムには、社会性や政治性が強いものが多い印象があり、コラムニストには、エンターテインメント性が感じられるものが多いのです。

ジャーナリストには、政治ジャーナリスト、経済ジャーナリスト、ITジャーナリスト、科学ジャーナリストなど、冠がついている人もよく見かけますが、これはその専門分野を示しているもの。いずれもやはり、エンターテインメント性よりは社会性が強い印象があります。

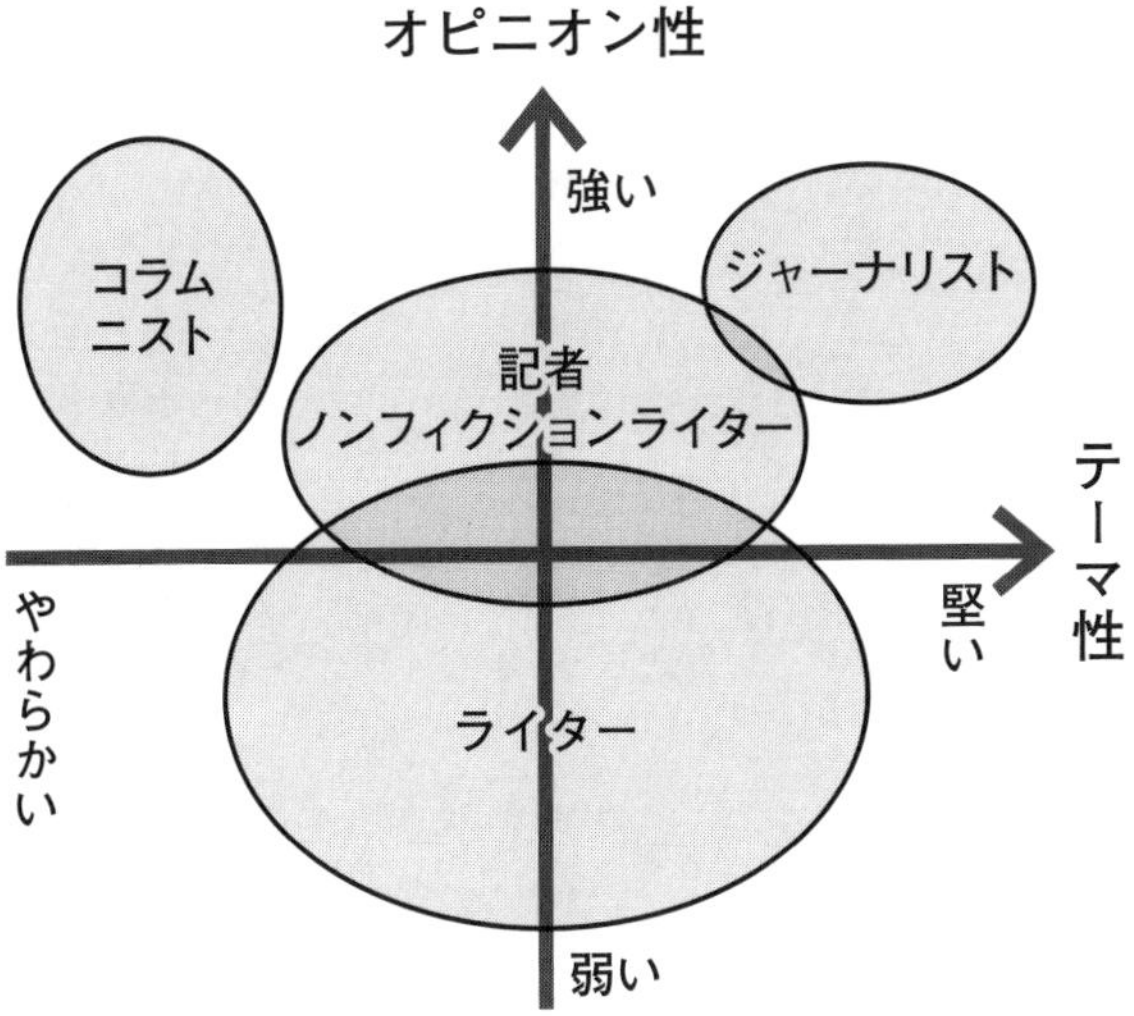

このマトリックスの中で、テーマ性が真ん中で、オピニオン性があまりない書き手がライターだと私は思っています。ライターと記者、ノンフィクションライターの違いは、この「オピニオン性」の高さです。スポーツ系のライターの方々には、ノンフィクションライターという肩書きをつける方も多いですが、それはこの「オピニオン性」によるところが大きいと思っています。スポーツについてただ記事にするのではなく、自分の意図、意思を持って記事を展開するということです。

一方で、ジャーナリストとの違いは、そ

の社会性とテーマ、というところでしょうか。ジャーナリストとノンフィクションライターはけっこう似た分野で仕事をしていますが、ノンフィクションライターのほうが、取り扱うテーマが広い印象があります。また、オピニオン性はジャーナリストのほうが高いのではないでしょうか。

こう考えると、他の職種に該当《がいとう》しない文章分野、最もフィールドの広い仕事をしているのが、ライターということになります。それこそライターの担う仕事はさまざまです。雑誌やインターネットの記事を作ったりすること以外にも、メールマガジン、企画書、プレスリリース、さらには著名人のホームページ上での挨拶文の制作や、ブログの執筆代行などもその範疇《はんちゅう》に入ってくると思います。さらに、これは後に詳しく解説しますが、書籍づくりもライターの活躍の舞台になっています。

私自身は、名刺の肩書きも自分の呼び名も「ライター」を使っています。「自分で本まで出しているのに、どうしてライターにするのか」「ジャーナリストという肩書きにしたほうが、何かと便利ではないか」と言われることもありますが、あえてライターという肩書きを使っている面もあります。

むしろ、ライターという肩書きを使っているだけで、どうしてそんなふうに思われてしまうのか、ということのほうが気にかかるのです。

要するにそれは、ライターという職業が実際にはあまり社会的な地位が高いものとはいえない、ということだと思っています。しかし、だからこそ、その地位を少しでも上げられないか。すでに世の中で持たれているライターのイメージを少しでも変えられないか。そこに挑んでみたいという気持ちがあるのです。

肩書きなどというものは、考えてみればいい加減なものです。会社でも部長、課長など肩書きがあるわけですが、それは会社が決めたものであり、それがそのまま社会的な評価に合致するわけではありません。にもかかわらず、どういうわけだか、会社の肩書きがそのまま社会で通用してしまったりする。実は私はいつもそこに違和感を持っています。

フリーランスの世界では、もっといい加減で、要は自分で名乗ってしまえばいいだけの話だったりします。ジャーナリストでも、コラムニストでも、ノンフィクションライターでも、そう名刺に書いてしまえばいい。それだけの話だと思うのです（ただし、その肩書きに期待されるだけの仕事を求められることは言うまでもありませんが）。

私はあまり仕事ジャンルを固定したくない、という気持ちが強いことが、肩書きをライターにしている理由でもあります。テーマを狭めて深掘りしていく、あるいはオピニオン性にこだわる仕事も面白いのかもしれませんが、どちらかというと私は広くいろんなテーマに取り組んでみたいと思っています。その意味では、ライターの肩書きのほうが好都合、ということもあるわけです。

と、ここまで書いておきながら、将来的には自分なりに方向性をはっきりさせたい、と肩書きを別のものにしてしまうかもしれませんし、別の肩書きを考えてしまうかもしれません。もっというと、肩書きなしもいいなぁとずっと思っていました。

インターネットの浸透で、文章を書く機会は格段に増えています。これは言葉を換えれば、文章を読む機会も格段に増えているということ。それはすなわち、文章の持つ重みが増している、ということになるのかもしれません。今後は、文章を書く新しい職種が生まれてくるかもしれないですね。

いずれにしても文章を読む人がいる以上、書く仕事もまたなくならないと思っています。そしてそれなりの文章を読者が期待するのであれば、やはりプロの書き手の出番はなくなることはない、と思います。

第4章

「話す」よりも「聞く」のが大事

ここ数年、「話し方」の本が話題になっていました。

でも、私がずっと感じていたのは、「話し方」以上に、「聞き方」のほうが重要なのになぁ……という思いでした。

コミュニケーションは話すことだけでは成立しません。

また、聞くことで私たちはなにがしかを得られる。

話すことで、ではないのです。

これは、毎日のように取材をしている私の率直な感想です。

第4章、第5章では、そんな「聞き方」の心得を書いてみたいと思います。

感謝の気持ちを持って臨んでいますか?

取材をする側の立場によって、こうも状況は変わるのか、ということを知ったのは、フリーになってしばらく経ってからのことでした。某大手新聞社の系列出版社からお仕事をいただいて、ある大手企業に取材に行ったときのことです。

受付を終えて出てきたのは、広報部長。これがなんとも丁寧に頭を下げられました。実はその会社には、リクルート時代にもお邪魔したことがあったのですが、人物は替わっていたとはいえ、広報部長自らから、これほど丁寧な対応を受けた記憶はありませんでした。

もしかすると私の気のせいだったのかもしれません。しかし、私には明らかに対応が違ったように見えました。かつて私が取材に行ったときには、広告制作者として、でした。つまり、クライアントへの取材だったのです。お金を出している側に取材をする。こんなことがあるとは思いたくないのですが、「お金を払っている側なんだから」という対応をされていた可能性は大いにあると思いました。

実際のところ広告の取材では、クライアントに出向くと、私が作ったわけではない過去の広告原稿について、担当者から蕩々《とうとう》とお叱りを受けたこともありました。「私が作ったんじゃないですけど……」とは思いながらも平謝りに謝り、ようやくご機嫌をとって取材をさせていただいたこともありました。

ところが、大手新聞社の系列で行くと、態度がまるで違うわけです。そしてその後、別の大手メディアの記者の取材に同席させていただいて、私は驚愕することになりました。たまたま、その記者がそうだったのかもしれません。でも、ソファにまるでふんぞり返るようにして座り、偉そうに問いかけていたのは、誰あろう記者の側でした。そして、取材される会社の側が緊張し、恐縮している。これでは、記者が勘違いもするだろ

う と思いました。そしてインタビューは、散々なものでした。記者はご機嫌で帰っていきましたが。

嫌な思いもしたことがあったし、丁寧な対応を受けてきたわけではないけれど、私はこのとき結果的にリクルートの仕事で取材経験を始められたことをありがたいと思ったのでした。少なくとも、「取材をさせていただく」という気持ちを忘れたことはありませんでした。**その気持ちとはつまり、相手への感謝の気持ちです。そしてその気持ちは、必ずや相手に伝わると私は思っていました。そうすることで、取材時に信頼関係ができる。これがいい取材を、いいインタビューを生むと思っていたのです。**

考えてみれば、人にあれやこれやと根掘り葉掘り聞かれるのがインタビューです。気持ちのいい質問ばかりが来るとはかぎりません。そんなインタビューに、長時間にわたって応えていただいているのです。相手への感謝の気持ちを持って臨む。それはインタビューの、最低限のマナーだと私は思っています。

時間をいただくことの意味を想像していますか？

フリーになってしばらく経って、著名人へのインタビューをする機会が増えていきました。時には私が編集的な業務を担い、インタビューを依頼し、アポイントを取るところから仕事がスタートすることもありました。そんなとき、著名な方であればあるほど、やはり依頼の敷居《しきい》は高くなりました。たとえ30分、20分の取材ですら、「時間がないから受けられない」と言われることが少なくなかったのです。

たった30分、20分くらい、ひねり出して取材に当ててもいいじゃないか、と思っていた私でしたが（そもそも取材ＯＫをもらい、アポイントを取ること自体がけっこう難しいものなのです）、やがてそれは本当に無理なのだ、ということがわかるようになっていきました。私自身が、猛烈な忙しさに見舞われるようになっていったからです。

もちろん著名人のみなさんと比べれば、大した忙しさではなかったのではないかと思います。また、私自身の段取りの悪さが影響していたのかもしれません。それでも、1時間どころか、30分、いや20分ですらも惜しい、という日々が始まってしまったのです。

時間がいかに重要なものであるか、わかっているつもりではいました。でも、自分が想像もしていなかったほどの忙しさを味わうことによって、私はそれをじかに体感することになったのでした。だからこそ、時間をもらうことがいかに大変なことであるか、ということを逆に痛感するに至ったのでした。

つまり、**インタビューをさせていただいているということは、30分であれ、1時間であれ、2時間であれ、本当に貴重な時間をもらっているのだ、ということです。著名な人であればあるほど、猛烈な忙しさの中で、作っていただいた時間なのです。**

そのことが自分の体感によって得られてからは、すべての対応が変わっていったのではないかと思っています。無駄な時間を一切使わせまい、と思うようになりました。約束時間ぴったりにインタビューを始められるようにしよう、と考えるようになりました。しっかり準備をして、納得のいく時間にしてもらおう、とそれまで以上に構えるようになりました。こうした心構えは、結果的にインタビューに大きな成果をもたらしたと私は勝手に思っています。

自分の時間を大切にする人は、相手の時間も大切にできる人なのだと思うのです。だからこそ、そう思っているのであれば、その姿勢を表に出したほうがいいと思います。そうすれば、相手もきっとこの時間を大切にしてくれると思うのです。つまり、いいインタビュー時間にしてもらえる、ということです。

「貴重なお時間をいただいて、ありがとうございます」。私はそう言ってよく名刺を渡します。それは本心からの言葉です。

何のための取材・インタビューなのか、明確ですか？

ソファにふんぞり返って質問をしていた大手メディアの記者の話を先に書きました。そのときは、取材の申し込みをしたら、たまたま大手メディアの代表質問インタビューがあるので、同席してくれるならいい、ということだったのでした。

私は他人の取材に同席をさせていただいて、そのときにインタビューがうまくいかなかった理由が次第にはっきりしていきました。それは、記者が何のために取材・インタビューをするのか、理解していなかったからだと思ったのです。

さまざまなメディアがいる中での代表質問で、しかも「こういう内容にする」というものが記者の頭の中になかった。これが、敗因だったのではないかと思いました。そんな状況でよく取材ができるな、と私は思いました（記者がご機嫌で帰って行ったのを見て、もしかすると、このレベルの取材でよい取材だと思われているのかと心配になりましたが……)。

取材・インタビューの場合は、メディアが決まっていたり、企画の方向性が決まっていることがほとんどです。しかし、それでもインタビューというのは極めて難しいものである、ということをまずは覚悟しておく必要があると思っています。話が思わぬ方向に進んでいってしまい、目的を逸脱してしまうことが、往々にしてありうるからです。

しかも、脱線していった話が意外に面白かったりすると、インタビュー中の軌道修正そのものが難しくなってしまいます。インタビューが終わった後には、「あれ、何のインタビューだったんだっけ」ということにもなりかねないわけです。

だからこそ、何のための取材・インタビューなのかをはっきりさせて、それをしっかり頭に叩き込んで取材に向かわなければならないと思っています。**私自身は、目的に合致した話以外は基本的に関心を持たない、と決めています。脱線した話はメモも取りま**

せん。**それは、「この話は脱線していますよ」という相手への意思表示だったりもします。**

とりわけインタビューを受け慣れていない人は、目的から大きく逸脱してしまうことが少なくありませんから注意が必要です。また、例えば一般のビジネスパーソンのみなさんが、取引先から何かを聞き出したい、といった場合にも、目的がはっきりしていなかったり、相手から何を聞き出したいかが曖昧だったりすると、うまくいかないことが多く起こりうるようです。

基本的な姿勢として、インタビュー、話を聞き出すというのは簡単ではない、という意識が必要だと私は思っています。友だちや家族ならいざ知らず、初対面、あるいは話し慣れない段階でいきなり、こちらが聞きたいことを聞き出すというのは、至難の業なのです。だからこそ、真っ先にやらなければいけないことは、目的を明確にすることです。いつでも、この目的を、「戻っていける場所」として置いておく必要があると思うのです。

失礼のない服装をしていますか？

初めて仕事をご一緒させていただく編集者の方の中には、私の格好に驚かれる方もおられます。というのも私は、夏場を除いてほとんどがスーツにネクタイという、まるで「フリーライター」という肩書きからはイメージできない格好をしているからのようです。

私は基本的に取材はスーツで出かけます。背景にあるのは、私自身がスーツ好き（私はかつてアパレルメーカーに勤務していました）であるということもありますが、スーツを着ていって失礼になることは絶対にないと考えているからです。

同業の方の中には、格好なんて、どうでもいいじゃないか、と思われている方もいらっしゃるようです。しかし、私はそれは間違っていると思っています。たしかに、格好なんて、どうだっていいと思っている取材対象者もいるでしょう。しかし一方で、格好はどうでもいいことではない、と考えている取材対象者も、実は少なくないのです。私は少なくとも、そうした人たちへの気遣いが必要だと思っています。

例えば、銀行の頭取に取材をする。銀行というのは、基本的にお堅いところです。でも、頭取自身は、あまりお堅くない人かもしれない。ネクタイをしていなくても、気にしないかもしれない。しかし、フリーのライターをアテンドしてくださった、広報の担当者はどうでしょうか。少なくとも、ちゃんとした格好をした人が頭取に取材をしてくれることを望んでいると思うのです。頭取に対して、失礼のないような対応をしてほしいと思っているにちがいないのです。

だとすれば、配慮は当然するべきでしょう。**取材対象者が貴重な時間を用意してくださったのと同様、アテンドする担当者もまた、なにがしかの努力によって、この時間を確保してくださったのです。その恩にも報いるべきだと私は思います。**

格好なんてどうでもいい、という方には、ネクタイだけは絶対にしない、というこだわりをお持ちの方もおられました。私は正直、その意味がまったくわかりませんでした。取材で大事なことは、ネクタイにこだわることではありません。いいインタビューができるかどうか、ということです。関係者に気持ちのいい時間を過ごしてもらえるか、ということです。だとすれば、ネクタイなどどうでもいいことなのです。逆に少しでもいいインタビューになるのであれば、していったほうが「取材の目的」にはいいはずなのです。

ちなみに私は、スポーツ選手の取材にもネクタイを締めて出かけます。これは実は狙いがあります。スポーツ系ではネクタイを締めたライターはまずいないそうです。だから、相手から新鮮に受け止めてもらえるのです。そうやって、「なんだか、いつもと違う話をしてしまった」と言ってもらえたことが何度もありました。むしろネクタイをしていたほうが、いいことがたくさんあったと私は思っています。

事前に相手について調べましたか？

貴重なお時間を頂戴するのです。しかも、決まった時間の中で、できるだけいい話を聞き出さなくてはなりません。そのために必須といえるのが、事前の準備です。それなりに著名な方であれば、必ずなにがしかの資料があります。プロフィールであったり、過去にメディアに登場したインタビューであったり。そうした資料はできるだけ調べて、読み込んでおきます。

10年前には、資料集めは手間がかかることでした。新聞社のデータベースや過去の雑誌を保管している会社からインタビュー記事を取り寄せたりして、準備をしていました。しかし、今はネットがあります。ネットでも、かなりの情報が得られます。一部のロングインタビューでは、過去の雑誌のインタビューなどを編集者に取り寄せてもらっていますが、それ以外では私もほとんどネットで情報収集をしてから取材に出向きます。まずは名前で検索します。おおむね出てくるのは、ウィキペディアの情報か、個人のホームページです。ウィキペディアは必ずチェックしますが、１００％事実が書かれているとはかぎらない、ということには注意が必要です。そこから迂闊《うかつ》に質問をしたりすると、場の空気が危ういものになる危険性があります。私がいつも行うのは、名前とインタビューのアンド検索です。そうすると、ネット上にあるインタビュー記事にお目にかかれることがあります。どんなテーマであれ、その人に関わるインタビューを読むことは大きな意味があります。それは、先に書いた「相場観」のヒントにもできるからです。

その人のプロフィールや人となりといった事実を理解することも大事ですが、それ以上に大切なのは、**その人が世の中からどう見られているのか、もっといえば、対象となるターゲットからどう見られているのか**、です。**それをつかんでおかなければ、ターゲットとなる読者が面白く読めるインタビューにならないからです。**

したがって私の場合は、この「相場観」を理解することにけっこう時間をかけます。ネットで難しければ、人に聞いたりします。知人や友人、時に家族にも聞きます。どう思っているか、どう思われているか。これが意外に重要で、有効な事前準備になるのです。

資料は事前に読み込んで、興味のあるところはマーキングしておきます。とりわけ興味があるところには、大きな丸をつけておきます。こうしておくと、インタビュー中に取り出して眺めることも可能になります。

ちなみに、インタビューにはできるだけ資料を分厚くして向かうことが少なくありません。資料が少なければ時には「ダミー」の資料を紛れさせておくこともあります。事前にちゃんと調べているな、という取材対象者の印象は、人によっては、インタビュー時に大きな違いを生むこともあるからです。あくまで、「人によっては」ですが。

質問項目を考えましたか？

取材でどんな質問をするかは、もちろん事前に考えます。頭の中に入れておけばいい、話の流れの中で聞いていけばいい、という考え方もあるようですが、私はそれはしません。何より聞き漏らしを防ぎたいからです。貴重な時間をいただくのです。読み手に最大限、その人のことを伝えることが、時間をいただいた恩に報いることだと私は思っています。だからこそ、「あれを聞くのを忘れた」ではすまないと思うのです。

質問を考える大前提は、インタビューの目的です。何のためにインタビューをするのか。どんなメディアなのか。どんな企画なのか。おおざっぱに何を聞きたいのか。それをしっかり頭の中に入れておきます。

次が、誰に読ませる記事なのか、です。ターゲットを想定するのです。取材対象者とターゲットと取材目的を重ね合わせて、質問を考えていきます。先にも書きましたが、私がよくやっていた手法は、想定したターゲットなら、取材対象者にどんなことを聞きたいだろうか、と想像していくことです。**自分がライターとしてどう聞こうか、と考えるよりも、読者なら何を聞きたいだろうか、と考えていったほうが、はるかにイメージが膨らんできます。**

もうひとつ、質問を考えるときに注意しているのは、シンプルな問いかけにすることです。その人にしか答えられないような、具体的な質問をするというのもひとつの方法ですが、私は質問はむしろおおざっぱなもののほうがいいと思っています。「どうして、この会社に入ったのですか」「なぜ、転職したのですか」「そのとき、どう思われたのですか」……といった具合です。

これは私自身がインタビューを受けたときにも感じたのですが、質問を受ける側は「どんな質問が来るのだろう」と身構えるものです。そのときに、まどろっこしい複雑な質問が来ると、考え込んでしまって、うまく反応ができないものなのです。それだけで、話そうというリズムが崩れてしまう。それよりも、シンプルに問いかける。そのほうが相手も理解しやすいし、答えやすいと思うのです。とりわけインタビューの前半はそうです。

質問は1時間のインタビューで10個ほどは作っておきます。ときどき、こんなことも聞いてほしいと、編集者から20も30も質問項目を渡されることがありますが、基本的にそんなにたくさんは聞けないものです。60分のインタビューで10個の質問でも、ひとつにつき6分しかやりとりできないのです。ただし、取材対象者によっては、あまりしゃべらないと思える人もいます。その場合は、10の質問項目に、枝葉を2つ、3つとつけておきます。そうすれば、しゃべらない人だったとしても、質問に詰まるようなことはなくなります。

インタビューの流れを考えましたか？

事前に質問項目を考えておくのは、もうひとつ理由があります。インタビューの流れを作っておくことが、極めて大事なことだと私は考えているからです。

これはご想像いただけることだと思いますが、**ダメなインタビューの典型例は、話があっちこっちに行ってしまうことです。**新入社員時代の話を聞いたかと思えば、今度は社長になってからの話に飛び、次は課長時代に……。聞くほうは、なんでも聞けばいいや、と思っているかもしれませんが、話しているほうは思考があっちこっちに飛んでしまって大変です。これは、話し手のことをまったく考えていない最悪のインタビューだと私は思っています。インタビューで大事なことは、気持ちよくしゃべってもらうことだと思うのです。

もちろん流れは時系列だけではありませんが、できるだけスムーズに質問と回答が流れていくように、私はいつも質問項目を整理しています。企画の方向性やターゲットの想定などから10ほどの質問を紙に書き出してみたら、これをどういう順番で聞いていくのが最も流れのいいインタビューになるのかを考えるのです。そして、上から順番に質問項目を並べてみます。項目の頭には●をつけておきます。

枝葉がある場合は、質問項目と質問項目の間に●なしで記入しておきます。こうしておけば、大質問と小質問が一目でわかるようになります。

質問項目は、ワープロに打ち出すことはしません。どういうわけだか私の場合は、ワープロで書いたものを出力すると、それを読んでしまうのです。聞いているというよりも、棒読みで読んでいるようになってしまいます。これでは、質問している、という雰囲気が作れなくなってしまい、うまく答えが引き出せません。そこで、手書きで書くようにしました。手書きだと、質問している、という雰囲気で問いかけることができるのです。なんとも不思議です。

質問項目を流れで書いてみたら、それをもう一度、頭から読み込んでおきます。おそらくこんな答えが返ってくるのではないか、という想像ができたら、質問項目の下にキーワードをメモしておきます。

また、事前に読んだインタビューの内容で、面白いもの、気になるものがあったら、その答えが出てきそうな質問の下に、やはりキーワードとして書いておきます。ほとんどの取材で、半分くらいの質問にキーワードが書かれます。これは別の言い方をすれば、最低限これだけの原稿にはなる、という保険のようなものともいえます。

実は私は著名人取材の場合、多くのケースで7割方、原稿を事前にイメージしています。そして、それを少しでもくつがえせるような面白いインタビューをすることを目標にして、インタビューに臨んでいます。

時計を持ちましたか？

事前に質問を考えておく3つめの理由は、時間配分です。聞きたいことはたくさんあるのに、最初のほうの質問でたくさんの時間を取られてしまっては、後に用意した質問が聞けなくなる、なんてことにもなりかねません。質問項目は、タイムキーピングをするためのツールでもあるわけです。

そしてもうひとつ、タイムキーピングに欠かせないのが、時計です。取材先によっては、時計が壁にかかっているところもあります。しかし、インタビュー中にインタビュアーがチラチラと時計を眺めるというのは、インタビューされる側にとってはあまりうれしいことではないと私は思っています。「なんだ、用事でもあるのか」「早く終わりたいのか」と思われても仕方がないと思うのです。

また、腕時計をチラチラと眺めてしまうのも同様です。腕時計で時間を見るときには、どうしたって腕を上げたり、シャツの袖をたぐったりしなければなりません。これもまた、インタビューされる側の集中力を欠く行為になってしまうと思うのです。

そこで私は、**腕時計を腕から外して、テーブルの上の質問項目を書いた紙のすぐ上に置いておくようにしています。**そうすれば、質問項目を確認するついでに、時間も確認することができる。質問が10あれば、4か5くらいで30分経過しているのが理想の形。そうやって、質問項目と時計で、取材のタイムキーピングを行っていくのです。

人によっては、取材の気が散るから時計は持っていかない、目の前になんか置かない、という声も聞きますが、私には考えられません。時間配分を考えずに、どうやって取材を最後まで終えているのか、その技術を教えてもらいたいくらいです。

私が時間を気にしている理由はもうひとつ、やはりインタビューの対象者から貴重な時間をいただいているという思いがあります。いただいた時間を最大限に使わせてもらいたい、ということです。そして、間違いなく次の予定が入っているはずですから、時間ぴったり、もしくは少し前には確実に取材を終わらせたいと考えています。

こっちは質問をしているだけ、気持ちよくしゃべってくれて、それで時間が押したんだから、ちょっとくらい時間をオーバーしても構わないだろう、というのは、インタビューをする側の勝手な甘えです。タイムキーピングをしてきっちり終わらせることも、インタビュアーの役目だと私は思っています。

ただし、インタビュー対象者が遅れて部屋に入ってくることがあります。そのときは、遠慮なく遅れた分だけ時間を後ろに頂戴することもあります。それはこちらにはまったく非がないからです。堂々と、時間を超えていいと思います。

不測の事態もイメージしましたか？

インタビューさせていただく方の多くは、ほとんどが初めてお会いする人です。しかも、どんな取材場所で、どのような椅子に座り、どんなふうに取材が展開していくのか、まったくわかりません。事前に質問項目を作り、流れを作っていったとしても、その通りになるとはかぎらないのです。予想もしなかった〝不測の事態〟が起こる可能性も十分にあるということです。

例えば、極めて口が重い、という人もいます。質問をしても、すぐに答えが終わってしまう。そうなると、こちらは質問を次々に繰り出さなければなりません。ただ、あらかじめ用意していた質問をすぐに次々に出してしまったら、インタビューはあっという間に終わってしまうことになります。

そこで必要になるのが、そういうことも起こりうるのだ、という意識を事前に持っておくことです。とりわけインタビューの最初は、どのような流れになるのかがまったくわかりません。〝不測の事態〟に備えて、細かな質問項目を準備しておくなど、シミュレーションをしっかり行う必要があります。

口が重ければ、別の角度から質問が繰り出せるように準備しておく。事前に想定した質問の流れから逸脱する可能性もあるのだという心構えをしておく。これが意外にできていない人が多いのではないかと思うのです。

質問したら、答えてくれるだろう。質問項目も用意しているし、それを聞いていけばいい。そんなふうに思ってしまいがちですが、インタビューは、そんなに単純なものではありません。それこそどんな展開になるのかまったくわからない。そういう覚悟が必要だと思うのです。

〝不測の事態〟はそれ以外にも起こりえます。私自身、経験があるのは、途中でメモを取っているペンのインクが切れてしまうことでした。ペンのインクは、どのくらい残っているのか、意外に毎日チェックはしないものです。これが意外な盲点でした。

以来、ペンは複数本を持ち歩くようになりました。レコーダーの電池も同じ。私は、ノートも予備のものを1冊、カバンに入れておくようにしています。名刺も、名刺入れを忘れてきてしまったときのために、財布の中に複数枚入れるようにしています。

貴重な時間をもらう取材は、二度とチャンスがありません。この一度だけで、何もかもが決まってしまうのです。しかも面白いもので、ふっと気が抜けたとき、油断をするようになってしまったときにかぎって、〝不測の事態〟はやってきたりするのです。

準備はし過ぎる、ということはないと思います。カバンは重くなってしまいますが。

レコーダーは持ちましたか?

大量の情報の中から重要な情報をチョイスしてギュッとまとめる。そんな広告制作の仕事が長く続いたからでしょうか、当時の私はインタビューをしても録音をしたりすることはありませんでした。それよりも、インタビュー中に「何が一番重要なのか」というポイントをつかんでいくことが大事でした。それには、むしろメモのほうが適していたのです。

広告の仕事から、雑誌のインタビュー記事のような依頼に仕事が広がっても、私のこのクセは変わりませんでした。たくさんの仕事をこなしていくためにも、テープ起こしをする時間が惜しかった、ということもあります。録音はせずに、メモだけで原稿を作っていました。脳みそをフル回転して取材しながらメモもしっかり取っていくことができる若さもまだありました。いつしかそれは、妙な自信にもなって、「録音していないから取材に集中できるのだ」という歪《ゆが》んだこだわりすら自分の中に持つようになっていきました。

〝事件〟が起きたのは、『プロ論。』の連載が始まって1年ほど経ったときのことです。今から考えればぞっとするのですが、驚くべきことに、それまで私は取材をまったく録音していなかったのです。ところが、ある作家の方を取材したとき、明らかにその方が不快な顔をされていたことを私は見逃しませんでした。

そして原稿を提出後、言われてしまったのです。「こんなことは取材で話していない」。先にも書きましたが、「そうなんだよ、これが言いたかったんだよ」と原稿提出時に言ってもらうことを私は目指していました。読者にも喜んでほしい、面白く読んでほしい、ためになるものにしたい、という思いを持っていますが、同時に、インタビューさせていただく方にも「いい原稿だね」と言ってもらえる原稿を作りたい。それが、私の目指していたものでした。だからこそ、作家の方の言葉は、ショックでした。

しかし、録音していない以上、証拠はありません。このとき思い浮かんだのが、作家の方の不快な顔でした。もしかするとあれは、録音がされていないことへの不快感だったのではないか、と思ったのです。「せっかく話をするのだから、正確に自分の言葉を伝えてほしい。それなのに、録音もしていないなんて……」。そんな言葉が頭に浮かんできました。この不信感が、原稿のクオリティに対する不信感にもつながっていったのではないか、と思ったのです。

以来、インタビューでは必ず録音するようになりました。これもまた、取材をさせていただくマナーのひとつだと思うようになったからです。**レコーダーを目の前に置いて、嫌な顔をされることはまずありません。**しかも、テープ起こしをし、細かなニュアンスまで聞けるようになって、私の仕事はむしろ効率化しました。「急がば回れ」だったのです。

早めの到着を心がけていますか？

極めて基本的なことなのですが、意外に忘れられがちなことに、時間に対することだわりがあると思っています。インタビュー中のタイムキーピングも重要ですが、実はタイムキーピングはインタビュー前から始まっています。基本的にインタビューさせていただく方々は極めて忙しい人たち。時間に遅れるだけでも、印象としてはすでに大きなマイナスです。

10時から時間をもらったとするならば、それは10時からインタビューを始めていい、ということです。それができるだけの時間の逆算が必要です。大きな会社に取材に行くなら、受付を通すだけでも時間がかかります。それだけの余裕を見て、インタビュー先に向かうことが大切になる、ということです。

個人的な印象ですが、デキる編集者の方というのは、そういうところもきちんと意識されています。早め早めの訪問を意識されているのです。ここは受付に時間がかかるので、早めに来てほしい、とおっしゃる方もおられます。**それこそ多少早い分には、インタビュー先から嫌がられることはありません。それよりも、遅れてしまうことのほうがはるかにダメージになります。**

仕事柄、たくさんのカメラマンさんと仕事をします。これも個人的な印象ですが、仕事ができるカメラマンさんほど、集合場所に早く来ている、という印象があります。実は私自身もけっこう早めに行きます。なぜかといえば、いろいろな意味でゆとりができるからです。

暑い時期、汗を拭き拭きインタビューをする、というのでは、インタビューされる方も落ち着きません。インタビューする側も、集中力を欠いてしまいます。早く着いていれば、そういうことも避けられます。心に余裕が生まれるのです。

珍しがられることも多いのですが、私は車で移動することが少なくありません。カメラマンさんのように荷物が大きいわけでもないのに、どうして車で移動するのか、と問われることがあります。答えは簡単で、そのほうが気持ちに余裕が持てるからです。混雑した電車の中では資料も読めませんし、何より落ち着きません。それよりも、ゆったりと自分の車で仕事に向かう。好きな音楽を聴いたり、ラジオを聴いたり、取材のシミュレーションをしたりする。極めて快適に取材に向かえます。

渋滞も想定し、駐車場探しもあるので、かなり早めに出ます。しかし、早めに着いても車の中で仕事をすればいいのです。事故のリスクは避けられませんが（これはとにかく注意しています）、車で移動する利点は大きいと思っています。

第5章

プロの取材はこう行う

緊張していませんか？

著名な人たちに毎日のようにインタビューしていますが、若いライターの方から「緊張はしないのですか」と聞かれたことがあります。しかし、基本的に緊張することはまずありません。緊張せずに済むような状況に、自分の身を置いているからです。

緊張するときというのはどういうときなのかといえば、自分をよく見せたい、立派に見せたいとき、だと思うのです。もっといえば、自分を大きく見せたいからこそ、緊張してしまうのです。しかし、インタビューは私にとって仕事です。インタビューさせていただく著名な方々に、自分をよく見せる必要などはまったくありません。そう思っていれば、緊張することはまずないと思っています。

もうひとつ、これは意外に思われる方も多いようですが、著名な方というのは、「いい人」が極めて多いのです。実は私自身、とりわけテレビで活躍されている芸能界の方々などには、まともにインタビューもできないような人がおられるのではないかと想像していました。そういうイメージを作り出すような映画や小説なども読んだことがあったからです。

ところが、対象者が芸能界でも長く活躍されている方ばかりだからかもしれませんが、みなさん極めて「いい人」が多かったのです。インタビュー時にも、もしかしたら、こちらが緊張しているのではあるまいか、と気遣いをくださる方もいらっしゃいます。

やはり神様はちゃんと見ているのだな、と改めて思うのですが、芸能界にかぎらず、あらゆる世界で成功されている方々というのは、基本的にものすごくちゃんとされているのです。取材で話してくれるのか、など、まったく心配する必要はありませんでした。

また、著名な方で印象的なのは、自分を大きく見せよう、という人はほとんどいないことです。これはインタビューをしていて、極めて心地よいものです。背伸びしようとしているな、よく見せようとしているな、ということは、インタビューをしていて意外に気づくものです。

逆にいえば、もしインタビューをする側が背伸びをしよう、よく見せようと思ったとするならば、それもまた相手に伝わってしまうということです。もちろん、「こいつはひどいヤツだ」と思われてはインタビューのマイナスになってしまいますが、過度によく見せる必要もないということです。自然体でいいのです。

私が意識しているのは、仕事のパートナーに徹するということです。インタビューを受け、世の中に出ることもインタビュー対象者にとって大事な仕事です。そのパートナーとして私は存在している、ということです。私を敵に回しても仕方がありませんよ、パートナーなんですよ、というムードを醸《かも》し出すのです。これは意外に有効だと思っています。

挨拶をしっかりしていますか？

インタビューをさせていただく上で意識しなければいけないこと。それは、安心して、気持ちよくしゃべってもらうことだと思っています。「インタビューされる人間にナメられてはいけない。こちらが主導権を握り、とにかく聞きたいことを引き出すのがインタビューだ」という考え方もあるのかもしれませんが、私は実際にはそんなことはできないと思っています。

安心して、気持ちよくしゃべってもらえるからこそ、いろんな話を聞き出すことができるのです。目的は、しゃべってもらうことです。ナメられようが、相手からどう思われようが、そんなことはまったく関係がないのです。

実際、あまりいい印象を持っていない相手に、気持ちよくしゃべることは難しいでしょう。こいつは信頼できないな、という人に安心して話はできないでしょう。たとえそれが仕事だったとしても、です。

そうであるなら、話を聞き出す側は相手に安心してもらったり、信頼してもらったり、気持ちよくしゃべってもらえるような雰囲気づくりを意識しなければいけないと思うのです。それなしに、いくら言葉巧みに話を聞き出そうとしても、無理だと思います。それこそ、ほとんどの人が初対面で会ったばかりなのです。

では、どうやっていい雰囲気を作り出すのか。そこで何より重要なのは、挨拶だと私は思っています。最初の挨拶を、いかにきちんとできるか、です。相手の目を見て、頭を下げて、笑顔で、きちんと名刺を差し出して、気持ちを込めて挨拶をする。貴重な時間をもらえたことに、感謝の気持ちを込める。わざとらしくする必要はありません。その意識を持っておくことが大切なのです。

長い間、人にインタビューする仕事をしてきて感じるのは、人間の本当の気持ちは顔

や立ち居振る舞いに出てしまうものだ、ということです。表面的な言葉として語っているのか、本心からそう思っているのか、それはなんとなくわかるものです。思いが空気を作ってしまうことがある。雰囲気を作ってしまうことがあるのです。

しっかりした挨拶をすることで、その第一関門がクリアされると私は思います。気持ちのいい挨拶、丁寧な挨拶をされて、嫌な思いをすることはまずないでしょう。そしてこれは、それほど難しいことではありません。心がけひとつでできるものなのです。

成功した人にはいい人が多い、と先に書きましたが、そういえば、挨拶もとてもちゃんとされている方が多い印象があります。スターと言われているような人から、頭を下げられて丁寧に挨拶をされると、これはもう感激ものです。思わずファンになってしまいます。でも、そういう人が、少なくなかったりするのです。

目的、意図は明快に説明していますか？

安心して、気持ちよく語ってもらうために大事なこと、そのひとつはこの取材がどういう目的で行われるべきものなのか、を明快に語っておくことです。取材の依頼時点で企画書などを送ってはいますが、それをインタビュー対象者がじっくり読み込んでいるとはかぎりません（実際、著名人取材の場合は読まれていないことのほうが多いです）。改めて、どういう目的の取材なのかをしっかり説明しておく必要があると思います。

メディアでの取材の場合は、どんなメディアで、その中でのどんな企画で、という話は当然することになりますが、私が説明を担当する場合は、メディアの想定読者も詳しくお話しすることにしています。誰がターゲットなのかは、文章を書くときの重要なポイントになるわけですが、それは取材でも同じです。どんな話をしてほしいのか、だけではなく、どんな対象に向けた話をしてほしいのか、まで踏み込んで説明をする必要があると考えているのです。

インタビュー対象者によっては、向こうから「読者はどんな人ですか」という質問が来ることもあります。当然かもしれませんが、**話す側としても、どんな人が読んでいるのかで、話す内容や話し方が変わってくるということです。**20代に向けた話なのか、40代に向けた話なのか、ビジネスマンなのか、主婦なのか、男性なのか、女性なのか、できるだけ具体的にターゲット読者がイメージできるよう説明をする必要があると思っています。

取材を行う企画の内容についても同様です。できるだけわかりやすい、シンプルな言葉で取材目的を語ることができたなら、インタビュー対象者はイメージがよりわいてくると思います。何度も出てきている『プロ論。』では、私は編集担当者からの企画説明が終わった後に、私のほうから「いい仕事をするためのヒントを頂戴したいと考えています」と一言付け加えるようにしています。これだけでも、インタビュー対象者の方はずいぶんイメージを高めて持ってもらえるようでした。

逆に編集者によっては、事前に企画書を提出しているのだから、あえて説明する必要はないだろうと、いきなり取材を始めようとする人もいます。これでは、やはりインタビュー対象者は戸惑われます。著名なメディアだと、あえてメディアの説明もしなくていい、と思われることもあるようです。しかし、ターゲットが広いメディアであったとしても、どんな人に読んでほしいかは、企画自体で変わっていくと思うのです。

事前説明がなかったという経験をして以来、初めて仕事をする編集者には「前フリをしてくださいね」とお願いをするようになりました。もし、いただけない場合は、私のほうからするようにしています。これもまた、取材に入る前の最低限のマナーだと思うからです。

最初の質問は答えやすいものにしていますか？

緊張するようなことは基本的にはない、と先に書いた私でしたが、数年前にめったになく緊張してしまったことがありました。インタビュー対象者は、今なお頻繁に名前が新聞やテレビで取りざたされる超大物の経済人でした。大物だったがゆえに、仕事を依頼されたメディアからも経営幹部が同行し、取材チーム自体が物々しい雰囲気になっていました。私に声をかけてくださった若い担当者も一緒でしたから、経営幹部の前でこの人にも恥をかかせてはいけないと、私の中では余計な力が入ってしまったのでした。

おまけにそのときは、取材の企画が少し複雑なものでした。いただいた取材時間が短かったこともあり、いきなり本題の質問から入ることになっていたのですが、その質問自体が少しややこしいものだったのです。さらに付け加えるなら、その大物経営者はちょっと強面《こわもて》の人物でした。取材相手としては、けっこうやっかいだという噂も私の耳に入っていました。

そして対象者が部屋に入ってくると、まさに空気が一変しました。さすが、というべきか、猛烈な迫力なのです。これは私も感じたことのない迫力でした。しかも、取り巻きがずらり。物々しい雰囲気、恥をかかせてはいけないという気合い、さらにはややこしい質問、と3つが重なってしまったことで、久しぶりに頭が白くなりかけてしまったのでした。

途中でしどろもどろになりかけた最初の質問を、うまく引き受けてくださったのが、当のインタビュー対象者で、私は助けてもらえたのでした。やっぱり大物はいい人なのでした。その後は私も落ち着きを取り戻し、無事にいいインタビューができました。

このとき、私が真っ先に反省したのは、何よりもややこしい質問を最初に持ってきてしまったことです。初対面での質問というのは、実は意外に難しいもの。だからこそ、シンプルな質問のほうが、発しやすいのです。振り返ってみると、シンプルな質問を最初に用意していなかったこと自体が、私の緊張を引き起こした可能性があると思いました。

そして**インタビュー対象者にとっても、最初の質問への答えは、そのインタビュー全体の空気を決めるようなものになります。**すらすらと答えやすい質問なら、インタビュー全体にいい雰囲気が漂います。逆に、最初の質問に戸惑われるようなことがあると、あまりいいインタビューはできないことが多いのです。

このときは失敗してしまったわけですが、通常は、とにかくシンプルな質問、理解しやすい質問、答えやすそうな質問から入っていきます。そのほうが、私も入っていきやすいし、インタビュー対象者も入っていきやすいからです。最初の質問如何《いかん》で、安心して、気持ちよく話してもらえる雰囲気になるかどうかが、左右されたりするのです。

相手の特徴を早めに見極めるようにしていますか？

毎日のようにインタビューをしていると痛感するのですが、話し方というのは、本当に人によって千差万別です。しかも、「きっとこの人はこんなふうにしゃべるのではないか」と思っていた人が、まったく違っていたりすることもある。話が止まらないのでは、と想像していた人が意外に寡黙な人だったり、あまり好んで話をしなさそうだと予想していた人が、こちらが口をはさむひまもないほど話す人だったり。

もちろん質問項目もインタビューの流れも想定していますが、予想していた通りにインタビューが進むことはなかなかありません。だからこそ重要になるのが、相手の特徴を早めに見極めていくということです。

よくしゃべる人だと思ったなら、質問項目は少なめにして、どの質問を外していいか、その場で頭を巡らせなければなりません。逆に、口数の少ない人であれば、質問項目が足りなくなる可能性がありますから、もらった話に反応ができるよう、より相手の話に集中しなければなりません。

インタビューする人によっては、沈黙になってしまうことも気にしない人がいます。お互いに黙っていると、我慢できなくなったインタビューの対象者がぺらぺらと話し出してしまう、ということもあるようです。しかし、私は個人的に沈黙が嫌いです。あくまで、ちゃんとコミュニケーションを交わして、話を聞き出したいと考えます。したがって、沈黙が起こらないように、常に頭の中をフル回転させています。

それ以外にも、合いの手をはさんでほしい人もいれば、じっと黙って聞いていてほしい、という人もいます。これを理解できなければ、気持ちよく話してもらうことはできません。余計な口をはさんでしまって、せっかくのいい話が立ち消えになってしまった、なんてことも起こりうるわけです。

話し手がどんな人なのかを見極める方法を、あるプロデューサーの方に教えてもらいました。**〝ツッコミ〟を入れられるのが好きか、それとも嫌いか、人は必ずどちらかに分かれる、**というのです。しかも、それはインタビューの最初のほうですぐにわかる、と。〝ツッコミ〟を入れられるのが好きな人は、どんどん話しかけて質問をしていけばいい。逆に〝ツッコミ〟を入れられるのが嫌いな人には、間の抜けた質問や合いの手を連発するのは厳禁。ある程度、話したいだけ話させてあげたほうがいい、というのです。

実際に私もこれを試してみたら、本当にそうでした。タイプはどちらか、というのは本当のようです。これがわかれば、予想と違う事態からのリカバーもスピードアップできます。最初に〝ツッコミ〟を入れてみれば、どちらのタイプかがわかるのです。

相手の顔をきちんと見ていますか？

安心して気持ちよく話してもらえるかどうかを大きく左右することにもうひとつ、話をどう聞くか、という姿勢が極めて大切になると私は思っています。一生懸命に話をしているのに、聞いている側が上《うわ》の空では、話しているほうも嫌になってしまうでしょう。そもそも貴重な時間をいただいて、話を聞かせてもらいに行っているわけです。感謝の気持ちも含めた、相応の姿勢が必要です。

私がいつも意識しているのは、できるだけちゃんと相手の顔を見る、ということです。当たり前じゃないか、と思われるかもしれませんが、インタビュー中にはメモも取っています。メモを取りながら質問項目も確認し、流れにも気を配って時間も気にし、その上で相手の目を見て聞く、というのは、意識していないとなかなかできないことです。

以前、若いライターの方から、貴重な時間をいただいているからこそ、一心不乱にメモを取ることのほうが大事なのではないか、と質問を受けたことがありましたが、私はそうは思いません。そもそもレコーダーだって回っているのです。話は後でも再生できます。それよりも、ちゃんと話を聞いていますよ、という意思表示をすることのほうが大事です。その意思表示が、話の盛り上がりを作っていくことになると思うからです。

これは話す立場を想像してみるとわかると思いますが、ちゃんと話を聞いてもらえているからこそ、話をする気になるというものでしょう。それは、お互いに目を見て話すからこそ、確認ができることだと思うのです。一度も顔を上げずにメモを取り続けている人を前に、気持ちよく話ができるかどうか、自分が話す側になってイメージしてみるといいと思います。それはむしろ不愉快な態度だと思うのです。

そしてもうひとつ、**顔を上げておきたい理由は、そうすることで見える語り口や表**

情、身振り手振りや醸《かも》し出す雰囲気を知っておくことが、実は原稿を制作する上で欠かすことのできない重要な情報になるからです。話は再生できる、と書きましたが、再生した話は原稿にもできます。読者はそれを読むことができます。しかし、読者は取材現場を見ることはできません。話している場を体験することはできないのです。

だからこそ、インタビューに立ち会った者だけにしか見られなかった光景が意味を持ちます。それはインタビューした人間だけが持っている、貴重な情報になるのです。原稿のトーンを作る際の重要な材料になるだけではなく、インタビュー時のリアリティを醸し出す原稿のネタにもなります。それを使わない手はないのです。

実際、私は取材時に感じた雰囲気をときどき原稿に書き記します。あるいはその雰囲気を、原稿づくりに活用します。顔を上げていたからこそ、できることです。

きちんと会話をしていますか？

長くインタビューを経験していますが、質問項目を用意したからといって、期待していたような、驚くような答えがすぐに返ってくる、ということはまずありません。返ってきた答えに対し、またこちらから質問を投げかける。そして答えが返ってきて、また返答する。そうやって言葉のキャッチボールをしながら、話を展開していくことが求められるのです。

その意味では、質問項目というのは会話のキャッチボールの導入であり、テーマである、ということが言えるかもしれません。あくまで本題は、その後の会話のキャッチボールなのです。

先に質問項目のシートを作るときに、枝葉を書いておいたり、過去のインタビューなどで見つけた気になるキーワードを書いておいたりする、と書きましたが、これらはこうしたキャッチボールでも威力を発揮することがあります。

よくあることですが、会話のキャッチボールの途中で過去のインタビューで見つけたキーワードを投げかけると、「お、こいつはちゃんと昔の話を読んできてくれているな」とばかりに話が一気に盛り上がっていくことがあるのです。そのキーワードの話について、さらに聞いてみたいことを投げかけてみてもいい。また、自分はどう思ったのか、という感想を伝えてみるのも有効です。そこから、これまでの記事にはなかったような話が飛び出してくることも少なくありません。

しかし、それこそ超有名な著名人や経営者たちと会話を交わす、ということに抵抗感を持つ人もおられるかもしれませんが、そういう意識になったときに使える、とっておきの方法論があります。それは、返ってきた返答に対して、自分の返答を返すのではなく、読者の返答を返すのです。自分の返答を返すというのは、実はなかなか難しいことがあります。そういうときには、読者を登場させるのです。

といっても、読者はその場にいませんから、もし読者だったら、と考えてみます。そして、「さきほどの話ですが、読者ならきっとこういうことが聞いてみたいと思うんです」と質問を投げかけてみる。**不思議なのですが、〝読者なら〟という枕詞《まくらことば》をつけてみると、いろんな質問や感想が浮かんできてしまうのです。**それはもしかすると、自分で質問や感想を考えなければいけない、という呪縛から解放されるから、なのかもしれません。

そしてインタビューの対象者も、目の前の私の質問や意見ではなく、読者の質問や意見なら、質問者の私に気遣いをすることなく、気持ちよくしゃべれるようなのです。〝読者なら〟作戦。ぜひ使ってみてほしいと思います。

相づちを打っていますか？

相手の顔を、目を見ることで「ちゃんと話を聞いていますよ」という意思表示をしておく、と先に書きましたが、意思表示は他にもさまざまにできます。中でも重要なのが、相づちであり、うなずきだと思っています。

そんなもの、意識しなくても自然にやるもんだ、という声が聞こえてきそうですが、本当にそうでしょうか。人の話を聞いているとき、どのくらいの人が、ちゃんと相づちを打ったり、うなずいたりしているか、ちょっとまわりを眺めてみてほしいと思います。できている人は、意外にいないと思うのです。

だから、というわけではありませんが、私は相づちやうなずきは、大きな効果をもたらすと思っています。聞く立場としての真剣さを相手に伝えられるからです。いい話を聞かせてもらえている、と態度で示すことができるからです。

しかも相づちゃうなずきは、相手の話にしっかり反応できる、という利点があります。自分の話にしっかり反応してくれている人に対して、嫌な思いを持つ人はまずいないでしょう。

かといって能天気に持ち上げろ、と言っているわけではありません。へらへら笑って、すり寄るような態度で話を聞く。それではむしろ逆効果です。「なんだこいつは」「信用できないヤツだ」と思われても仕方がありません。

そうではなく、話にしっかり耳を傾けて、自分の思いを相づちゃうなずきで表せばいいということです。大きく賛同すれば、大きく相づちを打てばいいし、嘆かわしいと思えば、嘆かわしいといううなずきをすればいい。それを少し意識してやってみるのです。そうするだけで、実はあまり普通ではお目にかかれないような、意識的な相づちやうなずきになるというわけです。

何度も書いていますが、安心して、気持ちよくしゃべってもらうことが、インタビューでは何より大事なこと。そのためには、しっかり相手の話に反応し、興味や関心を示すことは最低限の義務です。そもそも話を聞かせてもらいに行っているのです。全身を傾けて話を聞くのは、当然のことでしょう。

そして相づちやうなずきは、逆の使い方もできたりします。**この話はもうひとつだな、あまりピンとこないな、という話が続いたときには、その力の入れ具合を落とせばいいのです。**違う話に展開しましょう、ということを態度で伝えることができるということです。逆に、こういう話はいい、というときは徹底的に盛り上げる。それは相手に伝わります。

相手に合わせて声や音量を変えていますか？

誰かと話をするときに、「この人とはとてもウマが合う、でもこの人とはどうにも合わない」ということがあると思います。これは実はインタビューでも同じです。いわゆる相性は、どうしても避けることができないものです。

しかし、相性が悪いからといって、いいインタビューはできませんでした、というのでは、プロの仕事人としては失格だと思っています。そんなことに関係なく、結果はしっかり出さなければなりません。しっかりとインタビューをして、読者に納得してもらえる原稿を作らなければいけません。

そこでひとつの方法が、できるだけインタビュー相手に合わせていく、ということです。先に、話し方は千差万別だ、と書きましたが、本当にさまざまな人がいます。大きな声で賑《にぎ》やかに話す人、終始笑いながら楽しく話をしようとする人、ニヒルな雰囲気でぽつりぽつりと語る人、小さな声で静かに話す人、笑顔がまるでない人……。

私は実は関西生まれの人間でもあり、どちらかといえば、賑やかで、明るくて、楽しい会話を好みます。そういうときには、取材はとても盛り上がるのですが、そうではないタイプの人の取材で、同じようなトーンで取材に臨むことは決してしません。

たとえば声の低い、静かな人の取材では、私自身も声のトーンを少し落として、静かに話すように心がけます。ぽつりぽつりとゆっくり話す人には、私自身も早口にならないよう、注意します。丁寧な人には、私自身も丁寧さにこだわります。

それで相性が必ずしもよくなる、というわけではないとは思いますが、少なくともまったくタイプの違う人とのキャッチボールにはならずに済む、ということはいえると思います。

自分が一番得意な形で、雰囲気に飲まれないようにしてインタビューをする、という

のもひとつの方法かもしれませんが、私は思いきってそれを捨て、自ら雰囲気に飲まれてしまうことにしています。なぜなら、私が話す場ではないからです。話すのは、インタビュー対象者なのです。ならば、インタビュー対象者が最も得意な形で、インタビュー対象者が好きな雰囲気のもとで、話をしてもらうことが大切だと思うのです。

ただし、これだけは相手に関係なく守ろうと思っていることは、はっきりと言葉をしゃべること、そしてできるだけ笑顔でいることです。話を聞かせてもらいに行っているのに、いかつい顔でいることはありえないでしょう。少なくとも笑顔で、場の雰囲気を明るいものにしようという意識を持つ。もしかすると、私の勝手な思い込みなのかもしれませんが、そうした私の意識は、ちゃんとインタビュー相手に伝わっている気がするのです。

話が長い人にうまく対応していますか？

インタビューで最も困ることは何か、と想像してみたとき、真っ先に頭に浮かぶのは、インタビュー対象者にしゃべってもらえないことだと思います。しかし、実はそれと同じくらいにやっかいなのが、話が長い人だということは、経験したことのある人ならおわかりなのではないかと思います。

ひとつの質問に対して、答えが延々と続く。先に、「これはいまひとつの話だ」と思ったら、相づちなどで意思表示をすればいい、と書きましたが、とはいえ、いきなり最初の質問に対する答えから、そんな意思表示をするわけにはいきません。しかし、冒頭から「これは使えない」と思える話がなかなか終わってくれない、というのは私も幾度も経験しています。時間はどんどん過ぎて、このままいくと、したい質問ができなくなって後から困ったことになるかもしれない、というケースです。

そういうときには、どうすればいいか。方法は2つです。まずは、何もしないで聞き役に徹するということです。とにかく話したいことがあるのであれば、とことん話してもらう。それがたとえ、「いまひとつの話」だったとしても、です。

これまでの経験では、こういうインタビューの受け手は、とにかくしゃべりたいことをしゃべれば、長い話というのは最初だけだったりすることが多いのです。ですから、ひとたび話が終われば、ごく普通にちゃんとしたインタビューができることも少なくありません。だから、そこまでは「我慢」するのです。

そしてもうひとつの方法は、ある程度まで聞いて、これは本当にまずい、と思ったら、思い切って口をはさんでしまうことです。**といっても、いきなり口をはさむのは、難しいものです。そこで、私は手を上げることにしています。**手を上げたあとに、「社長、ちょっといいですか」という具合で、話をもとのインタビューに引き戻すのです。

途中でいきなり口をはさまれると、話に声が重なって、ちょっと険悪なムードになることがあります。ところが、おもむろに手を上げると、その場の雰囲気そのものが一変してしまいます。口をはさまれるという聴覚の情報ではなく、手が上がるという思ってもみない視覚の情報だから、なのかもしれません。いずれにしても、これが意外に効果的なのです。

決まった時間の中で、決まった目的のインタビューをしなければならない、ということは、ちゃんと冒頭で説明がしてあれば、相手も理解しています。手を上げることは、改めてそのことに気づいてもらう方法、ということなのかもしれません。できればやりたくないことではありますが、けっこう効果的です。

知ったかぶりはしていませんか?

聞き手として絶対にやってはいけないこと。そのひとつに、知ったかぶりがあると思っています。実はよく知らないのに、あたかも知っているかのようなフリをする。これは、インタビュー相手には確実にバレてしまいます。

そもそもほとんどの場合、インタビュー対象者は「インタビューを受けるプロ」でもあるのです。過去にたくさんのインタビュアーがやってきて、インタビューをしている。そんな「プロ」に知ったかぶりが通用するはずがありません。

私は経済に関する取材や、IT、電気、機械など技術系の取材もたくさんしますが、意識しているのは、わからないことはわからない、とはっきり相手に伝えることだと思っています。それこそ、相手はその道の専門家なのです。わからないからこそ、取材に来ているのです。だから、素直に教えてもらう姿勢で臨めばいい。

逆に中途半端に知っているかのような顔をすると、そのつもりで専門的な話をされてしまったりします。ちんぷんかんぷんの取材内容で後で困ったことになる、というようなことにもなりかねないわけです（私も、これをやってしまって痛い目に遭ったことがあります）。逆に、ちゃんとわからないことを伝えておけば、専門家の方々は丁寧に教えてくださいます。経済であれ、技術系であれ、そういう印象は極めて強いものがあります。

しかし、一方で絶対にやってはいけないことがもうひとつあります。それは、知らないことに開き直る、ということだと私は思っています。**知らない、わからない、難しいことだからと、まったく何も理解せずに取材に飛び込むのは、やってはいけないこと。**これは、取材相手に失礼というものでしょう。

まずは、自分で調べられるかぎり、調べてみることが重要です。ネットでもいいし、書籍でもいい。そうすることによって、理解できたことと、理解できなかったことを、把握しておくのです。それがあって初めて、専門家の方々に、わからないことがわからない、と言えるのです。

難しいテーマの場合は調べてから向かうのは大変ですが、ちょっとでも理解して行くと、取材は断然、面白いものになります。そして、少しは理解しているという姿勢を示すことができれば、インタビュー対象者の話も俄然、熱を帯びてくれたりするのです。

私は科学者のインタビュー連載もしていましたが、考えてみれば、世界最先端の専門家の研究領域が簡単に素人に理解できるはずはありません。インタビュー対象者も、そこまでは求めてはいないのです。それよりも、そうした研究にちょっとでも関心を示す。そういう姿勢が、彼らにとってはとてもうれしいことだったようです。

メモはしっかり取っていますか？

メモを取るかどうか、どのくらい取るのか、はインタビューをする人によって、ずいぶん異なるようです。録音しているからメモは取らない、という人もいます。先に、一心不乱に下を向いてメモを書くのはどうか、と書いた私でしたが、実はメモはかなり詳細に書きます。一心不乱に下を向いて書かないようにしているだけで、かなりの内容をメモします。これは後に書きますが、効率的な原稿作成において大きな意味を持ってくるからです。

ただ、書き連ねている文字は、他の人にはほとんど解析不可能だと思います。しかも、コンピュータを「ＣＯ」、銀行を「ＢＫ」、テクノロジーを「ＴＥＣＨ」など、自分で勝手に作った略文字もたくさんあるので、自分以外には、何がなんだかさっぱりわからないものになっています。

大量に取ること以外にメモで意識していることといえば、この話は面白いな、と思ったところに、印をつけておくことです。ウンウンと相づちも大きくなりますが、メモも丸をつけたり、縦に棒を引いたり、四角く囲ったりと激しく動きます（それぞれに意味は特にありません。ただ、こうした印をつけていることも、相づちと同じく、インタビュー対象者の方にはとても気になることのようです）。

こうしたメモの取り方をしていますので、こだわっているのが、ノートとペンです。大量のメモをできるだけ効率的に取れるように、大きめのノートを使っています。具体的に言うと、A4ノートブック（アスクルオリジナル）です。罫線は細めのものを好みます。私は基本的に罫線に沿って文字を書くため、そのほうが、たくさんメモが書けるからです。

ただし、極めて贅沢な使い方をします。3行から5行の罫線に対して、1行程度、しかもポツポツと文字が飛んだメモしかない。これは、早くメモが取れるということに加えて、もうひとつの理由がありますが、これは後のテープ起こしのところで解説します。

ペンはずっと、ぺんてるのハイブリッドを使っていましたが、尊敬している編集者の方から薦められ、現在はユニのジェットストリームを使っています。重要なことは、すべりがよく、筆圧が強くなくてもさらさら書けることです。私は大量のメモを一気に書くので、なめらかで軽く書けるペンを何より好みます。**お薦めいただいたジェットストリームは本当にすばらしいペンでもう数年にわたって、愛用させてもらっています。**

色は赤です。どうして赤ペンでメモを取るのか、とかつてある作家の方からも不思議がられたのですが、初めて取材に行ったときに赤ペンでメモを取って以来、ずっとそうなのです。それ以外に特に理由はありませんが、やはり慣れというものは恐ろしいもので、黒ペンでメモを取ったりすると、どうにも落ち着かないのです。面白いものです。

まわりのスタッフを巻き込んでいますか？

週刊誌のグラビアインタビューの仕事で、若い世代に長く支持されているアーチスト兼俳優の方をインタビューさせていただいたときのことです。実は私は、そのアーチストについて、極めて有名だったにもかかわらず、よく知りませんでした。

できるかぎり情報を集め、ＣＤも聴いたり、出演されていたテレビ番組を見たり、ラジオを聴いたり、もちろん本やインタビューも読み込んでみたのですが、どうにも相場観がピンとこなかったのでした。

そんなとき、実は若い担当編集者が彼の大ファンだったということを聞いたのです。担当者は中学生のときからそのアーチストを知っていて、どうしても一度、会ってみたくて難易度の高い取材依頼に臨み、粘りに粘ってアポイントをゲットしていたのでした。私は彼から、リアルな相場観をヒアリングすることができたのです。これは取材の準備にとても役に立ちました。

そしてインタビューの日がやってきて、私は次々に質問を繰り出していったのですが、ひとつだけ、これだけはやろうと思っていたことがありました。この取材チームでしか、できない質問をすることです。それが、担当編集者をダシに使うことだったのです。

「実は彼は中学生のときからファンだったんだそうです。どうしてもお会いしたくて、ずっとインタビュー依頼を出していたそうですよ」

こんな私の話に、アーチストは満面の笑みを浮かべてくれました。それまでほとんど言葉を発しなかった担当者（緊張しておられたようです）も、これで憧れのアーチストと会話をすることができたのでした。この後のインタビューが、とてもいい雰囲気になったことは言うまでもありません。

いいインタビューができるのであれば、私は積極的にまわりのスタッフや友人、家族もダシに使わせてもらっています。「彼女は昔からの大ファンで、著書を全部読んだそうですよ」「彼は××さんと会ったことがあるそうなんです」……。そうすることで、場の雰囲気が変わったり、空気が変わったり、インタビュー対象者から、ふっと笑顔が漏れたりする。これで、インタビューがひとつ上のステージに上がっていくような気がするのです。

「読者だったら、こういうことを聞いてみたいと思うんですが」という質問の方法もそうですが、自分ですべてをやろうとする必要はないと思うのです。むしろ質問者は、自分からちょっと離れたところから場づくりをしていったほうがいいような気がします。

あまりに感情がダイレクトに伝わると、意外にインタビュー対象者は話しづらくなるとも思えるからです。いろんな試行錯誤を経て、感じたことではありますが。

苦しいときの、飛び道具はありますか？

忘れられない楽しいインタビューというのもいくつもありますが、忘れられない苦いインタビューもあります。10年ほど前でしょうか、映画監督にインタビューをしていたのですが、いきなり監督が大声で怒り始めたのです。

「お前の質問はつまらない。こんな質問をするなら、もう帰れ！」

ものすごい剣幕《けんまく》です。映画の宣伝も兼ねた取材だったのですが、後から振り返ってみると横に座っていた映画関係者は平然としていました。普通は監督が急に怒り出したら、何か対処をすることが通常かと思うのですが、何もない。要するに、いきなり怒り出すのは、いつものことだったようです。

しかし私自身は、そこまで激しい剣幕で怒られるのは、初めての経験でした。しかも、「帰れ！」とまで言われてしまったのです。それまでは機嫌よく話をされていたのに、いったい何が彼の逆鱗《げきりん》に触れたのか、私にはまったくわかりませんでした。

緊張はあまりしない私でしたが、おそらく顔はひきつり、極めて困っていたと思います。目の前にあったグラスのお茶をゴクリと飲んだことを今も覚えています。にらみつける監督と、まるで蛇ににらまれた蛙のように、どんどん小さくなっていく私。後ろではパシャパシャとカメラの音がしています。親しいカメラマンさんが楽しそうに写真を撮っています。激怒のシーンなど、なかなか撮れないのでしょう。

私は帰るわけにはいきませんでした。運悪くこのときは、担当編集者が同行していなかったのです。一人ですから、自分でなんとかするしかない。私は開き直って顔を上げました。そしてこう言ったのです。

「帰りません。どうして監督が第一線の監督になれたのか。それを聞くまでは帰りません」

とっさに出てきた言葉でした。それまで私は、「なぜ一流の仕事人は一流になれたのか」というテーマで数多くのインタビューをしていました。ギリギリのところに追い込まれて、そのテーマがまるで最後の飛び道具のように思わず口から出たのでしょう。

その言葉をきっかけに監督は少しずつ話をしてくれるようになりました。結果的に、約束していた最後の時間まで、インタビューを続けることができたのです。苦しい場面に直面したとき、〝飛び道具〟があったことが、大きな助けになったのでした。

この話には後日談があります。**私は悔しくて、原稿を一字一句、直させないくらいのクオリティに仕上げてやろうと思いました。面白い原稿でギャフンと言わせてやろうと思ったのです。**そして驚いたのは、本当に一字一句、修正がなかったことでした。うれしかった一方で、してやられた、と思ったのでした。

聞いたお話を、反復していますか？

事前に用意した質問項目に対して答えが返ってきて、その後はキャッチボールをしながら取材を深めていく、と先に書きましたが、以前、若いライターの方から「キャッチボールなんてできない」と言われたことがありました。その場ですぐに返答など、返せない、というのです。

たしかに、話の内容によっては、すぐに反応できないケースもあるでしょう。そういうときの奥の手は、実は聞いたお話を反復することです。「なるほど、××、ということなんですね」といった具合で、言葉を返すのです。

不思議なことなのですが、こうやって聞くと、相手の話は続くことが多いのです。考えてみれば、話している側は、理解をしてもらおうと思って話しているわけですから、こちらが「理解をしていますよ。こういうことですよね」と返すことは、極めて正しい反応だと思います。だから、そこからさらに話が広がっていくことが少なくありません。それまで受けていた話から、一歩踏み込んで話を続けられることもありますし、話が違った展開を見せることもあります。

逆に、返した答えに、相手の顔が曇ることもあります。こちらの理解が間違っていたということです。でも、それはそれで構わないと思います。正直に、間違っていたということを認めるべきです。私はそういうときには、「あ、違っていましたか？」と苦笑いを浮かべることにしています。

すると「そうですね。そうじゃなくて〜」と多くの場合は、もっとわかりやすい、理解しやすい形で解説をしてくださることが多いのです。また、私が話を歪《ゆが》めて理解してしまったからこそ、違う角度から話が飛んでくることもあります。これがこれで面白い話になったりする。

ただし、何度も続くと、相手が不快感を示すことは言うまでもありません。取材に集中し、きちんと相手の話を理解しようと努めることは取材の心得の基本です。

実はこの聞いたお話の反復は、〝飛び道具〟としても使えることがあります。**取材中、相手の話に耳を傾けながら、実は次の質問内容を考えているのが私なのですが、どうしても浮かんでこないときがあるのです。そういうときに、この反復を使います。**

また、反復は必ずしも発言の直後でなければいけないわけではありません。「さきほど、××とおっしゃいましたが、これは××なんですね」と、質問に困ったときに繰り出すというのもひとつの方法です。そのときには、ノートの上の欄外に、後で聞きたいこととして、キーワードをメモしておいたりします。取材には流れがありますから、直後に聞くよりも、後で聞いたほうがいい場合も少なくないのです。

テープ起こしは効率よくやっていますか？

今はデジタルレコーダーが主流ですから、テープ起こしというのもおかしな表現なのかもしれませんが、録音したインタビュー内容を文字にするのは、今なおテープ起こしと呼ばれているようです。

かつてはその時間が惜しくて、起こしどころか、録音すらしていなかった私でしたが、録音して聞き直すことで細かなニュアンスが確認できたり、メモが追いつけなかった部分が具体的に書けたり、数日前に終わった取材だったとしても、その臨場感を改めて思い出せたりと、録音データを聞くことのメリットを痛感することになったのでした。

しかし、だからといって、例えば1時間のインタビューをわざわざワープロでテキストに落とし込んでいたら、相当な時間がかかってしまいます。もちろんきれいに打ち出されたワープロ打ちの取材テープ起こしがあれば、書く段になれば極めて有用であることは間違いないのですが、書籍づくりならいざ知らず、原稿制作の時間が短い週刊誌のインタビュー記事などではとてもその時間はありません。

ゼロからテキストは作れない。かといって、テープを聞くだけでは、細かなところを文字に落とせない。そこで思いついたのが、取材メモと録音テープを併用する、という方法でした。

先にノートを贅沢な形で使っている、と書きました。罫線3～5行にぽつりぽつりとメモを取っていく、と。どうしてこういうことをするのかというと、テープを聞きながら、ノートを開いてその部分のメモのページを開き、空きスペースに取材中にメモをしていない内容を書き込んでいくことができるからです。

つまり、**すでにあるメモに、テープを聞いたメモを書き加えていくのです。これなら、ゼロからテキストを作る必要はありません。すでに大量のメモが、取材時点で書か**

れているからです。書き漏らしたメモを、テープを聞いて書き加えるだけです。したがって、時間も大幅に短縮することができます。

このとき、赤で書かれた取材メモに対し、テープ起こしのメモは黒で書きます。そうすれば、どちらのメモなのかもはっきりします。こうして、極めて効率よく「テープ起こし」ができるようになったのでした。

大量の仕事にいつも追いかけられていることもありますが、私はこうした仕事の仕組みづくりがけっこう好きだったりします。どうすればもっと効率的に仕事ができるか。いつもそれを考えながら、仕事に向き合っています。そういうことを考えるのも、意外に楽しいことだったりします。

原稿を作ることを考えてインタビューしていますか？

私はいったいどんなふうにインタビューをしているのか。実はこの章を書くにあたって、改めて振り返ってみたのですが、これもまたなかなか思い浮かびませんでした。そこで、実際のインタビューをしながら、自分はどんなことを考えているのか、どんな行動を取っているのか、その場でやっていたことをメモしたりして、本章は出来上がっています。

しかるべき心得をして、しかるべき準備をして取材に臨んでいますが、では取材中は何をしているか。わかったことは、私は原稿を作ろうとしていた、ということでした。インタビューをしようとしていたのではなく、原稿を作ろうとしていたのです。

実は原稿づくりはインタビューから、もっといえば事前の準備から始まっているということです。取材の質問項目や流れづくりも、どんな原稿にするか、がおおよそ頭の中にあってこそのものでした。それこそ、原稿を少しでも作りやすくするための、質問項目であり、流れづくりをしていたのです。

そしてインタビュー中に必死で意識していたのは、原稿の素材を集めることでした。どんな目的で、誰に読んでもらうか、という前提に沿って素材を集めていく。そして、そのキーワードともいえるのが、差別化でした。「この人にしか言えないこと」「この会社にしか言えないこと」「まだ誰も聞いていないこと」を必死で探っている自分がいたのです。なぜかといえば、それを読者に届けることができれば、読者にきっと喜んでもらえる、見たことのない内容の入った面白い原稿にできると考えているからです。そんな原稿を書くときのことを考えて、インタビューをしていたのです。

となれば、取材で自然に身体が反応するのは、「この人にしか言えないこと」「この会社にしか言えないこと」「まだ誰も聞いていないこと」でした。そういう話になると身を乗り出している自分がいました。また、なかなか聞き出せないときには、ダイレクトにそういう聞き方をしている自分がいました。

　そして肝心なことは、「何が面白いのか」を見極めることだと改めて思いました。どうして面白い原稿になっているのかといえば、何が面白いのかを書き手がわかっているからです。そして、その面白さを見極めるヒントは、やっぱり読み手にあるのです。50代の読者に向けたインタビューと、20代の読者に向けたインタビューとでは、身を乗り出す内容がまったく違っていた自分がいました。

　第2章で書きましたが、インタビューでも、やはり何より重要なことは読み手を意識する、ということだと思います。読み手を意識し、「何が面白いのか」を見極めなければ、インタビュー中に反応することはできない、ということなのです。

ライターのキモはインタビューである

たくさんのインタビュー記事を作ってきて、私は次第にある結論を導き出すようになりました。たしかに文章をお褒めいただくこともあったのですが、実際には、大事なのはもしかして文章力ではないのではないか、ということです。むしろ取材力、インタビュー力なのです。

仮にとても文章がうまい人がいたとしましょう。しかしもし、その人がインタビューがヘタクソで、うまくインタビュー対象者から話を引き出せなかったとしたら、どんなに上手な文章が書けたとしても、それは面白いインタビュー原稿にはなりようがないと思うのです。

逆に、それほど文章がうまくなかったとしても、インタビュー術に長《た》けていて、面白い話を次々に引き出せるような人がいたとしたらどうでしょうか。それこそ、面白い話をただ並べていくだけでも、相当に面白い原稿になるだろうと思うのです。

では、このどちらが評価されるべきか。その答えは読者が決めるべきだと思っていますが、おそらく後者ということになるでしょう。なぜなら、より多くの読者が求めているのは、中身は薄いが美しくてうまい文章ではなく、面白くて中身が濃くて自分の役に立ちそうなインタビュー記事だと思うからです。

そう考えたとき、ライターにとって、もっといえば文章を書く人にとってのインタビュー術、情報収集術の重要性というのは、極めて大きいものだということがわかります。**それこそ「どう書くか」以上に「何を書くのか」こそが問われるのが、文章の書き手だということです。そして「何を書くのか」のコアになるものが、インタビューという仕事に詰まっているということです。**

そうだとするなら、文章術と同じくらいに、もしかするとそれ以上に、インタビュー術を磨かなければいけないのではないかと私は思っています。短時間で信頼、信用をもらい、安心して、気持ちよくしゃべってもらう。どうすれば、それはできるのか。その追求をしなければならないということです。

文章には100点はない、と書きました。おそらくインタビューにも100点はないのだと思います。ああ、いいインタビューができたなぁ、と思った翌日に、伸びかけた鼻をガツンと折られるようなことがよく起きます。経営者にうまくいった手法が、政治家に通用するとはかぎりません。同じ企業でも、技術者とマーケティング担当者では、まったく違う感覚で取材に臨まなければなりません。映画俳優とスポーツ選手では、声のトーンも変えていく必要があります。

思えば、たくさん失敗もしてきました。難しく、極めて奥が深い。でも、だからこそ、トライしがいがある。それがインタビューだと思っています。

コラム2　雑誌記事を作る

ライターの仕事で最もメジャーなものといえば、雑誌記事、あるいは最近では増えているインターネットの記事、ということになると思います。雑誌やインターネットには、さまざまな内容をテーマにした記事がたくさん掲載されています。そのほとんどが、ライターによって書かれています。

私自身も、書籍を除けば、仕事で最も多いのは、雑誌やインターネットの記事です。人物にフォーカスし、著名人のインタビューをまとめる記事もあれば、企業の「戦略会議」などに同席させていただいて、ドキュメント風にまとめるもの。あるいは、就職、人生など何かのテーマを決めて、複数の方々にインタビューをして、まとめていく記事もあります。

雑誌やインターネットのホームページは、そのジャンルが多岐にわたっています。ビジネスや経済ものから、ライフスタイル、ファッション、健康、旅行、趣味などなど、人が興味を持つあらゆる分野があるといっていいでしょう。

同様にライターが担っているフィールドも、それだけ広いということ。そこで、ある程度はジャンルを絞り、得意分野を作って書いているライターの方がほとんどだと思います。経済やビジネスを中心に書いている私からすれば、ファッションや健康などはとても簡単に手を出せるような分野ではありません。

逆にファッションや健康などを得意分野にしている人にとっては、異分野の旅行、経済、ビジネスといった分野はあまりなじみのない領域ということになります。仕事の発注者となる編集者は、そうしたライターの得意分野を見極めて発注しようとすることは言うまでもありません。

つまり、ライターとして食べていくのであれば、ある程度、専門分野、得意分野を持っておいたほうがいい、ということです。経験を積むことで、ますます専門分野が磨かれていくことになりますし、それはすなわち間違いなく原稿のクオリティにプラスに生きていきます。何より、発注者である編集者から、仕事のイメージを持ってもらいやすい、ということになるでしょう。

逆に「何でもやります」では、自分はよくても、発注者の側が戸惑ってしまうことになります。任せたくても、それなりのクオリティのものが上がってくるかどうか、不安になる。それこそ「相場観」が共有できているかどうかが心配になるわけです。

ですが、「相場観」さえ一致していれば、やったことがない分野でもお声がかかることがあります。読者がどの程度のレベルの情報を求めているか、によっては、専門度はそれほど問われない場合もあるからです。仮に読者がその分野の知識に詳しくなければ、むしろ専門知識を持っていないライターのほうが好都合になるわけです。なぜなら、読者に一番近い意識で、記事が作れるからです。

まずは専門分野を持つ。一方で、読者の視点に立てる分野なら、得意としない分野でもクオリティの高い原稿に挑む。私はそんな意識で取り組んできました。

メディアによっては、編集会議に参加を求められたり、記事企画の提案を受け付けているところもあるようですが、多くの場合、発注者である編集者からお声がけをいただくことで、雑誌の記事の仕事は始まります。こういう仕事があるのだが、お願いできるか、という打診です。

私の場合、ほとんどが取材付きです。取材をし、素材を集め、企画の目的に沿った文章を書いていきます。メディアにもよりますが、取材から締め切りまでは、それほどゆとりはありません。長くて1〜2週間程度、短いものでは3日後、さらにメディアの事情によっては当日中の場合もあります。

たとえば『プロ論。』はもともと週刊の求人誌の連載でしたので、毎週のように取材があり、原稿の執筆を行っていました。現在は、求人誌の休刊で連載はインターネットへと移行し、1カ月に1回程度の更新に変わっています。

あの原稿を毎週のように取材して書いていたのですか、と若いライターの方に驚かれたこともありましたが、特に連載の場合には、短時間で記事にするための取り組みをいろいろと進めていました。

たとえば、第5章でも書いたように、テープ起こしをいかに短時間で行えるか、を考える。『プロ論。』はおおむね1時間のインタビューでしたが、それをそのままゼロからテープを聞き直してテキストを起こしていたら、3、4時間はかかるでしょう。

そんな時間をかけないためにも編み出したのが、ノートのメモとテープ起こしを併用するやり方だったわけです。これなら、おおむね1時間のテープを聞くだけで、テープ起こしができてしまいます。

そして素材の準備が終わったら、すぐに書くことはしません。まずはじっくり構成を練るのです。テープ起こしが終わり、素材が集まると、早く書き出したくなるものですが、そこをぐっと我慢して、構成を考えます。

もっといえば、私の場合は、テープを聞きながら、おおよそ、どの素材を使うのかを考えておきます。テープの中で「これは気になるな」「これだけは絶対に入れたいな」という内容については丸をつけるなど、わかるようにしておくのです。そうすれば、テープ起こしが終わったあと、ノートをパラパラめくるだけで、入れたい内容が目に飛び込んできます。素材の選択の時間が省ける、ということです。

実のところ、インタビュー中からすでに原稿作成は始まっている、という話はすでにしました。質問項目を考える段階で、おおよその構成を頭にイメージしておくのです。その流れに沿って、質問をしていく。そうすると、ノートのメモをあっちこっちめくらなくても、スムーズに書けるような流れになっている、というわけです。

ただ事前に想定したインタビューになるとはかぎりませんから、それはあくまでイメージであって案。実際には、もっと面白い話が聞けて、事前の構成とは大きく異なってしまう場合もあります。それでも、大枠の構成案を持ってインタビューに臨むのは、ひとつの方法だと思っています。インタビューに流れを作ることができるからです。


なぜ構成を考えることに手間をかけるのか。それは、構成ができずに書き始めると、時間がとてもかかるからです。構成をしっかり考えてから書くのと、ぼんやりした状態で書き始めるのとでは、書く時間に圧倒的な差が出ます。構成がぼんやりした状態では、どうしても書きながら文章が止まってしまうのです。その結果、時間を要してしまう。

逆に構成がしっかりできていれば、あとはそれに沿って書くだけですから、これは速い。しかも、構成をどうしていこうか、ということに意識を取られませんから、文章に集中することができる。一段高いレベルから、文章づくりに取り組める、ということになるわけです。

では、素材をもとにどう構成していくのか。これはもうややこしいことは考えず、どう伝えていけば、読者が面白く読めるか、ということを考えるだけだと私は考えています。起承転結などのセオリーはまったく意識しません。インパクトのある出だしを持ってきて、あとはどうすれば一気に読み進められるか、を考えます。

『プロ論。』はデザインフォーマットが決まっています。まず、第三者表記の（書き手による、すなわち私が書いた）解説文があって、その後、一人称で話を進め、それが2つのブロックになります。このように、記事によっては、記事ならではのルールがあることが少なくありません。そういうときには、まずそのルールを頭に入れてから、構成を考えます。

　すでに書きましたが、インタビューの話というのは、おおむねいくつかの要素にまとめられるものです。まずは、そのまとめを行うと、構成づくりはよりスムーズになります。このとき、できれば、要素を書き出してみることがお勧めです。そうすることで、頭が整理できてきます。ツリー形式にして、内容を整理してみるのもひとつ。いずれにしても、書いてみるだけで、イメージがはっきりしてくるのです。

　最初からうまく整理できない場合は、とにかくランダムにでもいいので、10文字から30文字程度のキーワードを書いていくのがいいと思います。素材となる内容を並べていくだけでも、構成のイメージがわいてくるものです。私は書籍の構成づくりでも、これをやります。まずは、要素を具体化して整理することが重要なのです。

　もうひとつのヒントは、もしこれを誰かに話すとすれば、どういう展開にするか、です。目の前に誰かがいるとして、記事のテーマに沿ってその誰かにそのインタビューの内容を伝えようとすれば、どういう展開にするのか、それを考えてみるのです。

先にも書いたように、文章にしようとするから、難しく考えてしまうもの。そうではなくて、話し言葉で説明しようとすることを考えてみればいいのです。話し言葉で説明するとすれば、どんな構成にするのか。そんなことを考えるだけでも、ぐっと構成はやりやすくなります。

実は私は、この構成を考える時間が一番好きだったりします。時には、カオスのように情報が散らばってしまっていることがある。でも、どうしても入れたい内容もたくさんある。そういうものをどうすればつなげられるか、懸命に考える。しかし、考えているうちに、パズルのように「これだ」という構成が見つかるのです。この瞬間は極めて気持ちのいいものです。

インタビュー原稿は相当な経験を積んできましたので、ここ数年は書き出さずに、頭の中で構成を考えて書き進めます。それでも「これは難易度が高いな」と思ったときには、やはり紙に書いてみます。なぜなら、そうしたほうが、結果的に仕事が早く終わることになるからです。

構成がしっかり固まれば、あとは書き進めるだけです。何を書くかは決まっていますから、極めてスムーズに書き進められます。唯一、心配しなければいけないのは文字量ですが、私の場合は文字量は気にせずひとまず書いてしまうことにしています。書いてしまった後に、もし文字量があまりに多いようなら削りますし、少ないようなら増やします。

まずは構成をしっかり考え、一度、全部書いてしまうこと。それから修正をしていく。そのほうがはるかに原稿制作は効率的です。

そして時間的に可能であるなら、半日でも1日でもいいので、原稿を寝かせておく。醒《さ》めた目でもう一度、構成と文章を確認する。そうすることで、ブラッシュアップしていくのです。

締め切りより前に書くなんて、と驚かれたこともありましたが、これをやると何より締め切りに追われて焦らずに済む、という利点があります。この点については、第6章でも触れます。

第6章

「書く仕事」のキャリア作り

フリーランスで仕事をするようになって、もう15年を超えました。決して景気が良かったわけでもない時代に、これだけ長くこの仕事をさせていただけたことは、本当に幸運だったと思っています。

では、私はどんな考えで仕事に取り組んでいたのか。

第6章、第7章ではそれを書き記していこうと思います。そこには、取材をさせていただいた多くの方からの教えも、たくさん含まれています。

文章書き以外の仕事の方も、エッセンスは同じだと思っています。

誰のために仕事をしていますか？

リクルートで求人広告を作っている頃、社内の求人広告コンテストがありました。優れたクリエイティブと認められた作品が全国から集められ、審査員によって評価され、ランキングされる、という仕組みの毎月のイベントです。

社内の制作者にとっては、このコンテストが大きなモチベーションになっていました。同時にまた、どんな広告が優れた広告なのか、「相場観」を知る場でもありました。私も制作者の一人として、もちろんこのコンテストの上位に入ることを目指していました。しかし、入賞こそ経験できたものの、1位にも2位にも入ることはできませんでした。それは私にとって極めて辛い現実でした。コピーライターとしての才能は自分にはないのではないか。結局、私は5年で広告の世界をあきらめ、リクルートを離れる決意をするのです。

しかし、今になってみれば、広告コピーの才能があったかどうかは別にして、どうして私が1位や2位を取ることができなかったのか、よくわかります。それは、1位や2位を自ら狙おうとしていたからです。もちろん、広告クライアントのためにいいものを作る、という意識は持っていましたが、賞を狙おうとして仕事に向かっていたのも事実でした。しかし、それは見る側には、間違いなく伝わっていたのだと今では思っています。

その後、フリーになって、私は思いがけない経験をすることになります。広告の世界を離れ、雑誌などの編集系の仕事が増えていましたが、作った原稿が、どういうわけだか、リクルート社内の編集系の賞に次々に入賞していったのです。これは私にとって、とてもうれしいことでした。いくつかの部門で、1位を横並びで制覇したこともありました。

広告を作っていた時代と、編集系の仕事をしていた時代と、では何が違ったか。誰のために仕事をしていたか、でした。極端な話をすれば、前者では自分のために仕事をしている、という意識が間違いなく強かった。一方の後者では違いました。私は明らかに読者のために仕事をしていたのです。**読者となるターゲットのために、いかに役に立つ、面白い内容の原稿を作ることができるか**。本当に私は、そのことだけを考えていました。それこそが、自分の存在意義だと思っていたのです。そして、だからこそ、作ったものが評価されたのだ、ということがはっきりわかっていきました。

もしかしたらこれは、他の仕事にも言えるのではないかと思います。自分は誰のために仕事をしているのか、もう一度、意識してみるといいと思います。営業が、自分のために商品を売ろうとしたら、まず売れないでしょう。でも、商品を買った人の喜びを、便利さを売ろうとしたら、どうでしょうか。それがわかれば、堂々と営業ができる。胸を張って提案ができる。実際に多くの職種で、デキる人は「商品」の向こう側を見ています。誰のための仕事なのか、がはっきりしている。それが成果を生むのだと思うのです。

発注者の立場に立っていますか？

誰のために仕事をするのか、もうひとつ挙げるとするなら、仕事をするチャンスをくださった編集者や制作者という発注者、ということになると思います。**私は、彼ら彼女らが、社内で少しでも高い評価を得られるような仕事ができれば、といつも考えています。**

担当者を介して、だんだん上司の方や、編集長といったポジションの方々と近づくような機会も増えていくことになりましたが、そうなってもさまざまな連絡は担当者にすることを意識しています。いきなり上司や編集長に連絡をさせていただくことはありません。なぜなら、一緒に仕事をしているのは担当者であり、かつまた担当者がいたからこそ、上司や編集長とお近づきになることができたからです。いろんな考え方があるのだとは思いますが、私はいつもそう考えています。

同じように、いろんなことを発注者の立場で考えます。たとえば、これは詳しく後で書きますが、締め切りを守る人と守らない人では、どちらが発注者としてうれしいか。これは明白でしょう。また、連絡をしようとしたときに、すぐに連絡がつくか。これも大事なことだと思います（毎日のように取材があり、移動時間も多く、なかなか携帯電話に出ることができない私自身が本当にできているか、と問われると、これは微妙なところではあるのですが）。

安心して仕事を発注できるか、という点ではどうでしょうか。どんな仕事をしてきた人なのか、わからない人に仕事をお願いするとき、発注者側は不安でいっぱいなはずです。となれば、「こんな仕事をしてきました」という実績が一目瞭然で見られるものがあれば、とても安心できると思うのです。

取材の時間に早めに着いている人と、ギリギリになって来る人とではどうか。取材相手に失礼のない対応ができるか……。それこそ、発注する側に立ってみれば、「このほうがいいに決まっている」という想像がつくはずです。ならば、それを実行に移してみるべきだと思うのです。

出来上がった原稿に対しての修正依頼も同様です。基本的に編集者は、最初の読者だと私は思っています。編集者が「よくわからない」「いまひとつ」という判断をしたとしたならば、それは読者がそういう判断を下す可能性があるということです。となれば、もちろん自分が納得できる範囲で、という前置き付きですが、素直に修正には応じなければならないと思っています。

え、上阪って、そんな意識、ホントに持っているのか？　と思われちゃった発注者の方がおられましたら、すいません（！）。でも、ホントにそう思っているのです。

発注者との相性は意識していますか?

基本的に発注者の立場に立って考えろ、と言っておいて、ナンではありますが、とはいえ、発注者にはいろいろな人がいるのも事実です。「おいおい、それはないだろう」という無茶な注文をする人がいないわけではありませんし、事前に企画についてきちんとした説明がなかった（あるいは、ちゃんとこちらが理解していなかった）ために、イメージと違った原稿になってしまい、修正に大きな手間がかかったり、ということもあります。

先にインタビュー相手との相性の話をしましたが、私は発注者との間にも、間違いなく相性というものがあると思っています。インタビューであるなら、ちょっと相性が合わないな、と思っても短時間の話です。しかし、発注者だとそうはいきません。原稿をめぐって、長いおつきあい、というより、深いおつきあいになると思うのです。

であるならば、できるだけ相性の合う発注者と仕事をしたほうがいいに決まっていま す。どうにもウマが合わないなぁと感じながら発注者と仕事をするのは、なかなか辛い ものがあります。ましてや、「おいおい、それはないだろう」を思わず連発してしまう ような発注者なら、仕事をしていても苦しいだけかもしれません。

しかし、ある人にとって相性の合わない発注者も、ある人にとっては心地よかったり する。これがまた面白いところで、私にとっては「おいおい、それはないだろう」を連 発してしまうような発注者と相性が合う、というライターの方もきちんといるのです。

要するに、自分にとって相性のいい人と、仕事をしたほうがいい、ということです。

では、あからさまにわかる相性の良し悪しは別にして、その相性の良さはどうやってわ かるのか。話しやすいとか、人間として好きとか、実はそういう問題ではありません。

ここで登場するのが、何度も出てきた「相場観」だと思うのです。同じような「相場観」を持っているか、ということです。そうすれば、「これは面白い」ということが、発注者とあまり違和感なく共有できるというわけです。しかも、企画やターゲットの話をしていれば、だいたい「相場観」は見えてくるものです。そして「相場観」の一致した発注者との仕事は、スムーズに行くことが少なくありません。

逆に、初めて仕事をさせていただいて、どうにも「相場観」が違うな、と感じることもあります。そういうときは、たいがい、悪い予感が当たることになります。こういうときは、できるだけ相手の「相場観」に合わせるしかありません。その「相場観」探りに時間をかけることが大切になります。その分だけ時間を考えないといけません。

いずれにしても、相性の存在は重要。できるだけ「相場観」の近い発注者との仕事を心がけることです。それは発注者にとっても、プラスになることだと思うのです。

自分で仕事を広げようとしていませんか？

まだ経験の浅い書き手の方であれば、「相場観」の合う発注者とだけ仕事をするなんて、そんなことをすると、発注者の幅が増えていかないではないか、と思われるかもしれません。しかし、それはあまり意識する必要がないと私は思っています。むしろ「相場観」の合う発注者は、実はそれほどたくさんいるものではないのです。だからこそ、そういう発注者は大事にする。逆に、発注者側もそう考えていると思います。

しっかりいい関係が築けているとどうなるのかというと、その発注者を通して仕事が広がっていくのです。例えば私は、ある広告代理店の「相場観」の合う発注者から、やはりその発注者がとても「相場観」の合うクライアントの担当者を紹介されたことがあります。やがてこのクライアントの担当者から直接、仕事が発生するようになりました。

しかも、担当者が会社を替わっていくたびごとに、また声をかけてもらえるのです。おまけに驚くべきことに、この担当者をきっかけにして、私は書籍の仕事とめぐり会うことになったのでした。担当者が勤務していた会社のトップの本を作ることになり、業界の知識を持っていた私に相談が持ちかけられたのです。

すでに出版社は決まっており、私は出版社の担当編集者と、著者のプロジェクトチームの一員として出会うことになったのでした。通常では、考えられない出版社との出会い方です。しかも紹介された出版社の担当編集者が、これまた私と「相場観」を共有する方だったのでした。すぐにその出版社から別の仕事が発生しました。しかも、後に私は「これを本にできませんか」と相談を持ちかけることになりました。実はこの本こそ『プロ論。』でした。びっくりするようなつながりの連続で、『プロ論。』という書籍は世に送り出されていったのです。これも「相場観」を同じくする人のつながりがあってこそ、でした。

また、同じ「相場観」を持つ発注者が、組織の中で異動していくこともあります。これが仕事の大きな転機を生み出します。それまでとは違った、新しい媒体や新しい仕事場に出会うことができるようになるのです。

正直なところ、私はこれまで一度も営業活動というものをしたことがありません。もっといえば、こんなふうな職業文章家としてのキャリアを積んでいきたい、と考えたこともありませんでした。気がついたらこうなっていたのです。

「相場観」を同じくする、相性の合う発注者が、同じように「相場観」を同じくする発注者を紹介してくださったり、あるいは異動されたり、転職されたりして、仕事が私の思いをはるかに超えて広がっていったのです。だからこそ、「相場観」を同じくする人を大事にする。また一方で「相場観」を同じくする人を探し続けることが、大切なことだと思うのです。

何より原稿のクオリティを意識していますか？

以前、私のところに取材に見えた若いライターの方に、取材後に「ひとつ聞いていいですか」と相談を持ちかけられたことがあります。ライターというのは、基本的に一人で仕事をしますから、あまりライター同士での交流はありません。ましてや私のような経験の長い「オッサン」のライターと話をする機会など、滅多になかったのでしょう。

聞けば、よく出入りしている編集部で、頻繁に飲み会が開催されているというのです。同じ年代のライター仲間は、そういうときこそ営業のチャンス、とみんな出席している。ところが、自分は忙しさもあって、なかなか出席ができない。そんなことが続くと、もう自分には仕事が来ないのではないかと不安になってくる、と。

そういえば私も、大先輩のライターの方に、酒席で「編集者と酒を飲んでナンボだ」

と訥々《とつとつ》と説かれたことがありました。酒を飲み、お互いに腹を割り、そうやっていいものが作られていくのだ、と。ただ、私は結局、その大先輩のアドバイスをまったく守りませんでした。お酒を飲むのは好きなのですが、そもそも飲もうにも、締め切りに毎日のように追われて、飲みに行く時間がなかったのです。お誘いを受けてもお断りしているうちに、やがて誘われなくなりました。でも、それで仕事に変化があったのかと問われれば、まったくなかった、と断言できると思います。

私はその若いライターの方に言いました。そんなことを考えたり、ましてや飲み会に行くようなヒマがあるのなら、抱えている原稿の推敲をもっとやったほうがいいですよ、と。何より、いい原稿を書くことこそがライターの仕事なのであって、飲み会にたくさん出ることではありません。だいたい、飲み会に出ることで仕事がもらえて、それで書き手として何かいいことはありますか。もし本当に飲み会に出ることが、仕事が出てくる条件になっているのであれば、そんな編集部の仕事は辞めてしまいなさい、と。

私はライターにとっての最大の営業ツールは何より原稿のクオリティだと思っています。なぜなら、それこそがアウトプットだからです。発注者の立場に立った姿勢も重要ではありますが、いかにその姿勢が良くても、原稿がイマイチだったら、やっぱり使ってはもらえないでしょう。つまり、上がってきた原稿のクオリティこそ、追求すべきものなのです。それ以外にはない。

だから、余計なことは考えずに、とにかくいい原稿を書こうとすることに専念する。読者が求めるものに、編集者が求めるものに、どのくらい近づけるか、そこに必死になる。それさえ意識していれば、自然に仕事は集まると思っています。飲み会に出なかったとしても。実際、私がそうだったのです。特に声を大にして言うようなことではありませんが。

締め切りは厳守していますか？

先に「文章とはこういうものだ」という思い込みが、結果的に人を苦しめていると書きましたが、同じように「ライターとはこういうものだ」という思い込みが、どうにもときどき感じられることがあります。お酒の話にしてもそうですし、取材に行く洋服にしてもそう。そして私が何より気にかかっていたのが、「締め切り」でした。締め切りを守らない人が驚くほどたくさんおられる、という驚愕の事実でした。

これは性格的なことに起因するというよりは、私が広告からキャリアを始めた、ということが大きいのではないかと思います。広告の仕事ではクライアントが原稿を待ちかまえていますから、締め切りに遅れる、などということはあってはならないことなのです。何より、書き手はクライアントからお金をいただいて作っている。そのクライアントが「いつまでにほしい」と言われているにもかかわらず、出さなかった、出せなかったとなると、関係者全員が困ることになります。

結果的に、締め切りは絶対に守らなければならないものだ、ということが私の中に強烈にインプットされたのでした。ところが、広告の世界だけでなく、編集の世界で仕事を始めた頃、だんだんと違和感を持つようになっていきました。締め切りが極めてルーズだったからです。しかも、発注者の側も、締め切りは守られないものだとあきらめているような雰囲気すらある。私は驚いてしまいました。

先に、原稿クオリティこそが最大の営業ツールだと書きましたが、発注者の立場に立てば、もうひとつ、発注者自身がスムーズに仕事をしていくという上で極めて重要な要素があると思います。それが、締め切りを守ることです。しかも、これはけっこう大きなポイントを稼ぎます。何より、守らない人がほとんどなのです。実際に私は、初めての仕事で、締め切り通りに原稿を送って驚かれたことがありました。私の都合で締め切り前に原稿を送ってしまったときには、何かの間違いではないかと言われたこともあります。

しかも、この締め切りというものは、極めてわかりやすい評価基準があります。先に、原稿で１００点満点を取るのは極めて難しい、と書きました。実際、誰が読んでもこれは１００点だ、という原稿はなかなかできるものではない、と思うのです。しかし、**締め切りは、守ったか、守らなかったか、だけなのです。**１００点か、０点か、いずれかです。

原稿は１００点満点を取るのは、難しいけれど、締め切りだったら、守りさえすれば、誰でも１００点が取れます。ならば守ったほうがいい。

大変生意気《なまいき》ですが、個人的には「ライターとはこういうものだ」という古い概念を早く壊したいと私は思っています。そんなものに意味があるとは、とても思えないからです。

徹夜をしていませんか？

もちろん、個人個人それぞれに、それぞれの働き方、やりやすい仕事の仕方がある、ということは間違いなく言えることだと思います。でも、どうしても月末などに締め切りが集中してしまうのがライター稼業でもあり、けっこうムリが必要になることも出てきます。そこでついつい、「こりゃ徹夜するしかないか」という状況になってしまう、という声もよく耳にします。しかし、私は絶対に徹夜はしません。

なぜかというと、徹夜が原稿のクオリティを上げる仕事の仕方だとは、決して思えないからです。眠い目をこすり、ぼーっとした頭で原稿を書いて、果たして本当に満足いくものができるのか。長い時間、集中することは極めて大変なことであり、体力を要求されます。にもかかわらず、ここに眠気が加わってくるのです。いい仕事をする環境として、とてもベターなものとはいえない。

おまけに徹夜をすると、間違いなく翌日に影響します。翌日も1日、ぼーっとした頭で過ごさなければならない。つまり、翌日の仕事環境までダメにしてしまうということです。

では、どうすればいいのか。徹夜をしなくてもいいような、仕事のコントロールをするということです。どうして徹夜をしなければならなくなったのかといえば、その日までに原稿ができなかった、ということでしょう。もっと早く原稿に取りかかっていれば、徹夜などする必要はなかったわけです。

最初から「徹夜は絶対にしない」と決めていれば、それを前提に仕事のスケジュールを組めます。パンクしそうなときは、大変申し訳ないのですが、仕事をお断りします し、締め切りが立て込みそうなときは、早めに取りかかるようにする。そのコントロールは自分で行うしかないのです。

しかし、それができない仕事もあります。例えば、あるとき広告で、毎日のようにキャッチコピーを出してくれ、という依頼がやってくる仕事がありました。それも、夕方や夜、ひどいときには夜中になってから、明日の朝までにコピーがほしい、企画がほしい、と言われたのです。要するに、徹夜に近いようなことを何度も迫られる仕事でした。

そういう仕事が2度、3度と担当者が替わっても起こり、私はその仕事を発注した代理店の仕事をすべてお断りするようになりました。いただいた仕事をお断りするのは恐縮ですが、自分でコントロールができない仕事は結果的に他の仕事にも余波を与えることになります。もっといえば、そういう仕事を平気で外部にさせてしまう、その会社の体質に私は大きな疑問符を付けたのでした。生意気を申し上げますが、徹夜を無理に強いるような会社で、いい仕事ができるとは、私は思えませんでした。これもひとつの選択です。

仕事を選んでいませんか？

徹夜を何度も強いられるようなことは嫌だから、と仕事を断ってしまう私ですが、基本的には、まずはすべての仕事をお引き受けする気持ちを持つようにしています。やっかいなのはスケジュールで、その予定ではどうしてもクオリティの保証ができない、と思った場合には、やはりお断りすることになります。結果的にご迷惑をおかけしてしまう可能性があるからです。

フリーになって数年して忙しくなっていた頃、あるディレクターからこう言われました。「上阪さんは、ほんと、仕事を断らないですよね」。実はそのときまで、自分が仕事を断っていない、ということに気づかなかったのでした。何かに期待をしてもらって、私に依頼をいただいている。ならば、それに応えたい、ただそう思っていたのです。

しかし、そのディレクターと海外出張先で酒を飲み交わし、そのときの発言の本意を教えてもらったのでした。そこそこ仕事が忙しくなってくると、みんな仕事を選ぼうとするのだ、というのです。できるだけ大きな仕事、効率よく稼げる仕事、ギャラのいい仕事……。ところが、私はそういうことを気にせず、仕事を受けていた。そこに驚いたのだ、と。

もちろん、効率やギャランティを私がまったく意識しなかったわけではありません。しかし、私はここでも発注者の立場に立つことを意識していました。例えば、小さな仕事を私に依頼する。そこには、なにがしかの理由があると思ったのです。難易度が高い、ということなのかもしれません。クライアントが難しい、ということかもしれません。ものすごく力を入れたいから、かもしれないし、担当するのが新人でベテランから仕事を学び取ってほしいから、かもしれない。ならば、お引き受けをするべきだろうと。

結果的に、仕事を選んでこなかったことは、自分に幸運をもたらしたと思っています。難易度の高い原稿も少なくありませんでしたから、それだけ自分を磨くことができた。また、難しい仕事をこなせば、発注者からも喜びの声が伝わってくるものです。そして、「あの人ならなんとかしてくれる」と、いろんな人から電話がかかってくるようになりました。

ある人に言わせれば、「そんな便利屋のような人生は嫌だ」となるのかもしれません。でも、私はそれでいいと思っています。**もちろん名誉や報酬はないよりあったほうがいいとは思いますが、名誉や報酬以上に私がうれしいのは、頼られることだからです。**これは、長くこの仕事をしてきて気づいたのですが、それこそが私のモチベーションの源泉でした。「こんな仕事があるのでお願いしたい」とお願いされることほど、うれしいことはない。それこそが、自分が社会と関わり、社会の、誰かの役に立てている実感を私にもたらしてくれていました。お引き受けできるかどうかは何より日程が大きく影響しますが、今後もこの姿勢を貫いていきたいと思っています。

自分の可能性を狭めていませんか？

仕事を選ばなかったことによる、もうひとつの大きな幸運は、時代が求めているキャリアを自分で意識せずに作ってくることができた、ということだと思っています。

自分で「こんな職業文章家になりたい」と思っていたわけではないとすでに書きましたが、それこそ私などは、仕事を選ばなかったおかげで、思ってもみないほどにうまく、業界の変化に、トレンドの変化に、発注者の変化に気づき、結果的に今のような仕事をさせてもらうことができたのだと思うのです。

何度も書いているように、私の仕事キャリアは広告制作から始まりました。フリーになってからも、広告制作の仕事が中心でした。ちょうど1990年代半ば頃のことです。当時は、バブル崩壊から少しは景気が戻ったものの、まだ厳しい時代。採用系の広告で、特に打撃を受けたのが、中途採用でした。クライアントというより、広告を出稿する業界が限られるようになっていました。

そんな中、数少ない出稿業界が、損害保険業界でした。しかも社員ではなく、損害保険代理店の募集広告です。おそらく当時の大手損保のすべての会社の原稿を作らせていただいたと思います。たくさんの人に取材をし、全国を飛び回ることになりました。

予想外のことが起こったのは、その後のことです。損保の仕事をたくさんしているのだから、金融に詳しいだろう、とマネー誌を立ち上げるプロジェクトから声をかけられたのです。ここでは、損保だけでなく、生保、銀行、証券と金融業界の知識を広げていくことになりました。

そうすると、どうも金融に詳しい人がいる、と今度は業界の新卒採用の仕事が続々と入り始めました。また、同じように、金融に詳しい人を探していたプロダクションを介して大手の広告代理店とのつながりもでき始めました。ここでは、日本で企業向けのビジネスを拡大しようとしていた外資系の銀行や保険会社の仕事をたくさんするようになりました。

採用広告で業界の仕組みや仕事を理解し、マネー誌で詳しい商品を理解し、外資系の金融機関で法人向けの商品も理解する。気がついたら、金融業界全体について、広く浅く理解している自分がいたのです。そしてそれがやがて、本の制作にまでつながっていった。

こうしようとか、ああしようとか、まったく思っていたわけではない。気がついたら自然にそうなっていたのです。同じように他にも、技術や科学、起業、就職などなど、得意分野は拡大していったのでした。**自分の進みたい方向をあらかじめ明確にするのもひとつの方法かもしれません。でも私は、運命に委《ゆだ》ねてみる、というのも面白いと思います。**それこそ、思ってもみないような仕事に出会えたり、それが自分を高めてくれたりするものなのです。

ご縁を大切にしていますか？

自分の可能性を狭めるべきではない、と思っていた私でしたが、自分の可能性を広げよう、と思っていたわけではありませんでした。そんなことは、しようと思ってもできるものではない、と考えていたからです。では、結果的に広げてくることができたのは、なぜだったのか。ひとつだけ答えがあるとすれば、「ご縁」を大切にしてきた、ということが言えると思います。それこそ私はよく思っているのですが、自分の本が出せるようなところにまで来られたのは、本当に「運と縁」だけだったと思うのです。

先に、飲み会に出られないことを悩んでいた若いライターの方のお話をしましたが、仕事は何も編集部からだけ、出てくるわけではありません。むしろ、びっくりするようなところから、予想もし得なかったところから「ご縁」が生まれることは意外に多いのです。

たとえば私は、かつて世界大会で銅メダルを獲得した著名なアスリートの書籍のお手伝いをしたことがあります。版元は大手出版社でしたが、実はその会社とは、このとき初めて一緒に仕事をさせていただきました。では、何がそのきっかけだったのかといえば、私の会社の税務をお願いしている税理士さんからの紹介だったのです。

税理士さんとアスリートのマネジメント会社につながりがあり、税理士さん→マネジメント会社→大手出版社、とつながっていったのでした。この「ご縁」で大手出版社の担当者の方から、「ぜひ社内に紹介したい人がいる」と、打ち合わせの後に2人の方をご紹介いただきました。

この2人からそれぞれ書籍の仕事を頂戴し、また、この2人の方が社内の雑誌部門の方を紹介してくださり、気がつけば数年で、部数50万部の週刊誌で超一流のカメラマンさんたちとグラビアのインタビューをさせていただくことになったのでした。そして、私が初めて著者として出させていただいた本の担当者というのが、マネジメント会社から紹介を受けた最初の担当者だったのです。そのすべてのきっかけは、税理士さんから、だったのです。

他にも、大学時代の友人から、前職時代の営業担当者から、仕事とは関係のない飲み会で出会った人から、書籍をお手伝いさせていただいた方の出版記念パーティの出席者から……。思ってもみないようなところで「ご縁」があって、それが仕事につながっていきました。

では、どうしてこんな「ご縁」に出会えたのか。ひとつあるのは、**いろんな場で、自分がどんな仕事をしているか、最近何をしているのか、伝えていたから、ということは大きかったと思います。**別に大きな声でアピールする必要はありませんが、日常会話レベルで最近何をしているのか、さりげなく伝えることは意識しています。しかも、いろんな場で、いろんな人に、です。編集部の飲み会に行くのも楽しいですが、むしろこっちのほうが、私は大事な気がしています。

業界以外の人と会っていますか?

自分が仕事として最近、どんなことをしているのか、さりげなく伝えておく。と書きましたが、おいおい、そんなことどうやってやるんだよ、という声が聞こえてきそうです。でも、それほど難しいことでもないような気もします。

特に私が強調しておきたいのは、外のまったく違う仕事をしている人たちにこそ、ぜひ自分の仕事について知ってもらっておいたほうがいい、ということです。 仕事が生まれるかどうかはわかりません。でも、友人でも、あるいは知り合いになった場合でも、せっかく何かのコミュニケーションを交わす機会があるのであれば、お互いの今の仕事の話はしてみるべきだと思うのです。

相手がどんな仕事をしているのか聞く。これは実は、自分の仕事をする上で「相場観」を養う重要な情報でもあったりします。また、基本的に他の業界や他の仕事について、聞けるだけでも新しい知識になるのも事実です。そして、どんな仕事でも、間違いなく面白いところがあるはず。それを探りながら聞いていくのは、楽しいものです。

そもそも仕事の話を聞かれ続けたら、相手も自分に仕事についての話を求めるもの。そういう展開になったら、自分の近況を話せばいい。こんな雑誌に書いたりしています。こんな書籍に関わりました。こんな人に取材しました。それだけの話です。そうすると、相手は「ふーん、こういう仕事をしているんだ」とインプットしてくれる。

世の中にはライターという職業の人はたくさんいるのだと思いますが、ライターを友人や知人に持っている人、というのは実は案外少ないようです。だから、意外に質問や相談ごとが飛んでくることは少なくありません。業界以外の人に仕事がつながっていくことは、決して珍しいことではないと私は思っています。

編集者やディレクター同士でもそうですが、何より最も大きな威力を発揮するのは、

「紹介」です。紹介のほうが、圧倒的に話は早いのです。だからこそ、仕事の獲得には、できるかぎり紹介の形に持っていくことが重要だと思っています。

私はかつてリクルートで仕事をしていた頃に、上司とともに「売り込み」を受ける側に立ったことがあります。でも、話を聞きながら、どうにも落ち着きませんでした。その場の関係性が、明らかに「売り込む側」「売り込まれる側」と分けられてしまっていたからです。すでに上下の関係なのです。

紹介の場合には、それがありません。上下関係ではなく、最初からお互いにフラットな関係です。ここからスタートできる。「使う」「使われる」という関係性ではなく、パートナーの関係性が作れる。そこから仕事が始められるのです。

第7章

「職業文章家」として生きる

時間管理を徹底していますか？

先に、締め切りなら１００点が取れる、と書きました。また、原稿は書いたあと、最低、半日は寝かす、とも書きました。しかも私は、ほとんど毎日、なにがしかの締め切りを抱えています。雑誌やＷｅｂの仕事もあれば、書籍の仕事もあります。また、毎日のように取材があります。そんな中、どう仕事を回しているのか、若いライターの方に問われたことがあります。

基本的に難しいことはしていません。パソコンのメモパッドで、来た仕事のリストを作ります。締め切りを把握し、原稿をいつまでに作成しなければならないか、それぞれ記入しておきます。仕事ごとに、自分でテープ起こしをするのか、しないのか。あるいは、原稿ボリュームがどのくらいなのか、によって、必要な時間が変わってきます。

そこで、リストとにらめっこして、いつどの仕事をやるのか、日付を記入しておくのです。そして仕事が終わったものには頭に▲マークをつける。そうすれば、アップした仕事がどれで、アップしていない仕事がどれか、一目瞭然です。そして月末の請求書発行時に、マークごと、リストからその仕事を消去してしまいます。

自分なりのポイントがあるとすれば、**締め切りの日に原稿を書くのではなく、もっと前に原稿を書く日を設定していることです。つまりは、締め切りの前に原稿を書いてしまうということです。**これにはいくつか理由があります。

そもそも締め切りギリギリで原稿を書いていると、気持ちが追い詰められてしまうものです。それで、クオリティとしてよろしいものができるとは思えない。私は基本的に「焦《あせ》る」のが大嫌いです。余計なパワーもかかって疲れにもつながる。だから、締め切り当日に原稿を書くことはほとんどありません（中には、取材をしてその日に書く、翌日に書くといった特急仕事があり、そういう場合は別ですが）。

そして締め切り前に書いておけば、寝かせておくことができます。先にも書いたように、冷静な目でチェックができる、ということです。最近では、基本的に取材したその日に書いてしまうことが増えています。まだ取材がホットでよく覚えているうちに、先に原稿を書いてしまうわけです。そして、翌日や翌々日に見直す。パソコン上では、書いた原稿の目印は△にしておきます。これは要見直しの意味で､送付後に▲に変えます。

もうひとつポイントがあるとすれば、1日のタイムテーブルを細かく作ってしまうこと、でしょうか。あとで見直しをするのが前提ですから、だらだら長時間書きません。これだけの時間でやってしまう、と目安の時間を決めておくのです。おおよそ1000文字1時間。タイムテーブルまで作れば無理をすることはなくなり、スケジュールが乱れるのを防ぐことができます。

移動時間も活用していますか？

他に私が意識しているのは、移動時間もフル活用することです。先に、車で移動することも多いと書きましたが、車で移動するときは、できるだけ渋滞の激しくない時間帯を選びます。そうすれば、電車で移動するよりも早く取材先や打ち合わせ先に到着できます。早く到着した時間を使って、車内・後部座席で原稿制作にも取りかかってしまえます。

車は「体力の温存」という意味でも大きいです。夏の暑い時期など、移動しているだけで疲れてしまうもの。車であれば、もちろん座って移動できますし、厳しい気温に直面せずに済みます。取材前の気持ちにゆとりが持てますし、訪問場所に着いてからもゆったりできます。これは、戻って原稿を書くときにも体力的に大きな差を生みます。

私は都心から少し離れた場所に事務所を構え、近くに駐車場を借りていますが、とくに昼間は「下り」方向は道路がガラガラであることがほとんどです。なので、帰りは電車よりもはるかに早く事務所に帰ってくることができる、というのも利点だと思っています。

ただし、渋滞となると、車内では何もできなくなりますので、むしろ渋滞しそうな時間帯は、電車を利用することになります。そして電車の中では、移動時間を活用しています。資料を読み込んだり、質問項目を考えたり、構成を考えたり、原稿を出力して見直しの時間にあてたり。また、昼間のすいた時間帯は電車の中で座ることができますから、車内で先の「テープ起こし」をしていくこともあります。これが意外に効率的で、戻ったらすぐに原稿作成に取りかかることができます。

都心から離れた場所にある事務所ですが、駅からは徒歩1分です。これも理由がありま す。都心部に事務所を構えるのも、便利そうですし、ひとつの方法ではあると思います。しかし、都心部で駅から近い物件は、なかなかありませんし、高額になります。

となると、駅から徒歩で15分、20分といった事務所というのが現実的な選択になるわけですが、こうなると、都心から離れた場所で徒歩1分の事務所と、実は移動時間は大して変わりがないのです。しかも、駅から遠いと、厳しい天候の季節などは、出るだけでもおっくうになります。これが、駅1分ならストレスはまったくなくなる、ということです。

この「作戦」を思いついたのは、ある有名な作家の方に取材したときでした。これほどのヒットメーカーなら都心部に仕事場があってもいいのに、どうして郊外に仕事場があるのか、と思ったのですが、訪ねてみるとまさに駅前すぐの好物件。しかも、広々。駅前もゴミゴミしておらず開放感がある。都心の物件なら、こうはいかないだろうと思いました。なるほど、こういう方法もあるのか、と気づかせてもらったのです。

ちなみに今の事務所は、その作家の方の仕事場と目と鼻の先にあります。

スタッフに気を配れていますか?

ベストセラーにしていただいた『プロ論。』ですが、この連載をはじめ、たくさんの仕事でご一緒させていただいているカメラマンさんがいらっしゃいます。もうすっかりお互いおなじみなのですが、いつも「さすがだなぁ」と思うのは、スタッフへの気配りを本当にしっかりいただけることです。

第5章で取材の話をしましたが、ライターにとって取材はまさに真剣勝負の場です。意識を集中させ、臨まねばならないもの。そのことを、よく理解してくださって、絶対に私の取材を邪魔したりすることがないのです(ちなみに集合場所には、誰よりも早くお見えになっています)。かなりの売れっ子の方ですが、むべなるかな、といつも思っています。

逆にこんなことを言うのは申し訳ないのですが、緊張感漂う取材の空気を、ぶちこわしにしてしまうような発言や行動を取られるカメラマンさんも、いなくはありません。これは、真剣勝負で集中している私からすると、本当に腹立たしい行為になるわけです。

通常、私は取材先に入ると、真っ先にカメラマンさんに、対象者が座る場所を決めてもらっています。私が取材に集中したいように、カメラマンさんは「どこで撮るか」が極めて重要です。なので、まずは最低限、そこには気配りをせねばならない、と思っています。

もうひとつ、意識している気配りといえば、スタッフの方にも、できるだけ、きちんと挨拶をさせていただく、ということです。カメラマンさんのアシスタントの方にもご挨拶を心がけています。これは個人的な見解ですが、**「この人は誰だ？」と思われるような状況は、誰にとっても心地のいいものではないと思うのです。だから、何者なのかをちゃんと伝えておく。これは極めて重要だと思います。**

あまりたくさんあることではありませんが、たとえば企業の取材などで、フリーのライターやフリーのカメラマンに対して、明らかに侮蔑的な対応をされるケースがあります。挨拶がなかったり、名刺をいただけなかったり。たしかに社会的地位が高い職業というイメージがあるようには思えませんから（私はそれを変えていきたいのですが）、それはそれでその方や企業の考え方であり、仕方がないことだとは思います。しかし、そんな状況の中で本当にいい仕事の成果が期待できるのかな、と思うことは少なくありません。

余談ですが、私はタクシーに乗って運転手さんに横柄な態度を取る人は信用しません。仕事の発注者がそういう人だったりすると、次第に仕事を減らしていくことにしています。分け隔てなく、誰とでも平等に接することができる人。どこでどういう縁になるかわからないという想像力が働く人。そんな人と仕事を一緒にしたいし、そういう人になりたいと思っています。最も身近なスタッフの方に気を配れるかどうかは、そのひとつの試金石です。

「相場観」のための準備をしていますか？

原稿が面白いものになるかは、ひとえに、読者となるターゲットにとって面白いかどうかだと思っている、という話はすでにしました。となると重要なことは、「読者となるターゲット」がどのようなことを考え、どのようなことに興味を持ち、どのようなことを面白いと思うのか、それを知ることになります。

それこそが、「相場観」であり、書き手としては常にこの「相場観」を身につける意識を持っておかなければなりません。年代もさまざま。嗜好《しこう》もさまざま。さらに性別も加わってくる中で、どうやって勘所《かんどころ》を押さえていくのか、これはなかなか難しいところです。

しかも難しいのは、「相場観」は刻々と変化していく、ということです。また、過去の自分の経験も、情報環境の大きな進展などで、まるで使えない、ということも少なくないことを意識しておく必要もあります。要するに、「相場観」を常に更新し続けなければいけない、ということです。

では、「相場観」更新のために何をするのか。私が常に心がけていることはひとつ、書店に頻繁に足を運ぶということです。それこそ雑誌や書籍の企画に関わる身でもあります。今、どのような雑誌でどのような企画が組まれているのか。あるいは、どのような書籍が平積みに置かれ、注目書になっているのか。そういう情報は、基本中の基本でもあるわけです。「相場観」の対象は幅広いですから、ビジネス誌や経済誌、男性誌などのほか、料理雑誌や旅行雑誌など、あらゆる雑誌をチェックすることもあります。女性誌の見出しの立て方などに目を向けることもあります。

あとは、新聞と新聞内の広告です。**私はよく経済関連の記事を書いているので、ときどき驚かれることがあるのですが、実は経済新聞を購読していません。経済新聞ではな**

く、一般紙を読んでいます。なぜかといえば、経済新聞ではあまりに情報が細かすぎるからです。これでは、もっと大きな視点からの動きが捉えにくい。細かな情報は取ろうと思えば、別で取れますから、むしろ一般紙的な視点で経済も新聞も眺めています。そして新聞内の広告は、企画の方向性や書籍の世界の「相場観」を知るのにありがたい情報が満載です。電車の中吊り広告もそうです。

著名人や専門家ばかりに取材していると、〝耳年増《みみどしま》〟になりかねないと私はいつも思っています。そこで、いろんな世代の〝普通の人〟に取材できる仕事も、できるかぎりお引き受けするようにしています。新入社員へのインタビュー、不動産をたくさん持っている高齢者のインタビューなど、やはり取材をすると一次情報だけではなく、取材ならではの〝感触〟が得られます。これが「相場観」づくりに大いに役立っています。

話をしていますか？

もう10年近く前になりますが、ある著名なアーチストから聞いた話は今も鮮烈に残っています。アーチストというと、一人で何かを生み出すイメージがありますが、彼はこう言っていたのです。一人で考えることはしない。いろんな人と一緒に考えていくのだ、と。

実は、そもそも人の頭の中には常にいろんなアイディアが詰まっているのだそうです。ところが、それを簡単に取り出すことが難しい。そこで、人と一緒に考えていくことに意味が出てきます。人と会話をすることによって、脳ミソの奥底にあったアイディアが絞り出されてくるというのです。

この話に共感をしたのは、私自身が似たような経験をよくしていたからです。例えば、広告の企画を考えている。ウンウン机に向かっても、なかなかアイディアが出てこない。ところが、「しょうがない」とそのまま飲みに行ってしまい、仲間たちと飲んでいる場であれやこれやと話をしているうちに、するっとアイディアが出たりしたのです。

他にも、アイディアを持ち寄ろうという打ち合わせで、一人で考えていてもなかなか浮かばないアイディアが、2人、3人と集まって話をしているうちに出てくる。自分で出そうと思っても出ないアイディアが、人によって脳の奥底から引き出されるということなのでしょう。だからこそ重要になるのは、積極的に話をすることです。これは発注者である編集者やディレクターとの話もそうですが、日常的にいろんな人と話をすることが大事になるのではないかと私は思っています。

それこそ家族もそうです。私には6歳になる娘がいますが、娘とレベルを合わせて会話することで、ハッとさせられる言葉が飛んできたり、思いもよらないことを自分でしゃべっていたりすることがあります。また、妻は経済やビジネスに関心がない女性ですが、だからこそ経済やビジネスに関することを話していると、意外に鋭い質問や指摘が飛んできたりするのです。

これは、ある放送作家の方に聞いた話ですが、結局、人間のアイディアというのは、**インプットする情報の複合でしかないのだそうです。ということは、インプットを変えないかぎり、アウトプットは変わらないということです。**つまり、いろんなインプット、いつもとは違ったインプットを意識的に行ったほうがいいということです。

要するに、いろんな人とコミュニケーションを交わすことによって、いろいろな刺激が得られたり、自分が思ってもいないところからアイディアがわき出てきたりするのだということなのでしょう。文章を書く仕事というと、机の前に籠《こも》っている印象がありますが、それではダメなのですね。もっと外に出て、あるいは外に意識を向けて、知見を広げてこないといけない、ということです。これは自戒の念も込めて、ではありますが。

その仕事のキモが理解できていますか？

基本的には自分で引き受けた仕事を自分で書く、ということを生業にしている私ですが、かつては比較的多いページの仕事を編集業務から引き受けて、一部は外部のライターの方に出すような仕事をしていた時期もありました。言ってみれば、仕事を発注する側に立っていたということですが、ここではっきりわかったのが、要するにライターの仕事の評価ポイントとは何なのか、ということでした。

原稿には１００点満点はない、と何度も書いてきましたが、ある意味ポイントさえおさえておけば、文章を１００点に近づけていくことはできます。しかし、「これはどう頑張って直しても絶対に１００点にはならない」という原稿も存在していました。ポイントがずれてしまっている、その仕事のキモが理解されていない、のです。

何のために原稿を書くのか、とは第1章で触れましたが、職業文章家として文章を書く仕事が発生しているということは、そこになにがしかの期待があるわけです。その期待とは、企画の方向性を理解し、その方向性に基づいて、目指すべき結果をアウトプットする、ということです。

たとえばインタビューひとつとってみても、そのインタビューから読者に何を伝えていきたいか、は媒体や企画ごとにまったく変わってきます。若い人に元気を与える、かもしれないし、いい仕事のヒントをもらう、かもしれないし、病気で苦しんでいる人にエールを送る、かもしれない。それこそ、まさに仕事のキモです。ところが、そのキモが理解されないままにインタビューが行われ、原稿が作られたとしたら、それは間違いなく的外れなものになるわけです。

職業文章家として重要なことは、文章の巧拙の前に、まずはこのキモを外さない、ということです。だからこそ、真っ先に確認するべきは、「この仕事のキモは何か」です。

誰に、何を、どのように、どんなふうに伝えていきたいか、しっかり発注者との間で確認をしていくということです。

逆にここで、発注者がはっきりとキモを答えられなかったとすれば、それはちょっと心配です。なぜなら、キモ不在で、あるいはキモがぼんやりとしたままで、原稿を書かなければならなくなるからです。そうなると、「思ったような原稿が上がってこない」などと発注者に言われるなど、トラブルに巻き込まれることになります。

まずは、はっきりと「キモ」を確認しておくことです。で、どうしたいんですか、と発注者に聞く。それがぼんやりしているのなら、こちらから詰める。そして確立させる。できれば、メールのような文章の形で送っておく。その上で取材に臨み、原稿を作るのです。

これ、意外に意識している人が少ない気がします。だから、修正を何度もさせられるようなことになる。仕事のロスも大きくなってしまう、ということです。

稼げない、と思い込んでいませんか?

取材を通じて親しくなった大学教授に、臨時講義を任されたことがありました。対象は1年生、人数は300人。大教室です。これは困ったな、と思ったのですが、1年生といえば、まだそれほど生きる価値観のようなものは確立されていない時期。思い切って自分なりの「幸福論」を語ってみようかと思いました。

それこそインタビューさせていただいた著名人や成功者、経営者は軽く3000人は超えています。自分の中で、成功者たちに会って感じた印象のようなものが膨らんでいました。例えば、成功には実はセオリーなどない、いろんな成功の形があるのだということ。幸福のモノサシは自分自身の中にある、幸せかどうかは実は自分が決めるのだ、ということ……。おそらく大学生が持っているだろう、成功とは一流大学→一流企業、といった画一的な価値観をぶっこわしてみたいと思ったのでした。

ちょうどその大学は、難関校から少し偏差値が下クラスでした。難関校に落ちて、自分はオチこぼれになったと思い込んでいた学生も多かったのでしょう。成功の形はいろいろだ、勝負はこれからだ、という私の話に涙を浮かべて聞いてくれた学生もいました。元気になれました、頑張ります、と講義の後にわざわざお礼に来てくれた学生もいました。

そんな講義で私が一番最初に使ったスライドが、「フリーター」と「フリーライター」の文字を並べることでした。学生のみなさんには、両者は似たようなものだろうと感じていたからです。フリーライターなんて、と思っているのではないかと。だからこそ、次のスライドに意味がありました。私の車の写真を出したのです。驚きの声が上がりました。自分の持っている情報がいかに限られ、歪められているものであるか、私は学生に知ってほしかったのです。

学生さんのみならず、世間一般の見方でも、フリーのライターなんてとても食えない、といった印象ではないかと思います。実は私もそういう印象をかつて持っていました。でも、私はその印象を変えていかないといけないと思っています。そして、もっともっとたくさんの若い人が、フリーライターという職業を選んでほしいと思います。**なぜなら、文章を書くという機会も、その重要性も、ますます大きなものになっているから。そしてもうひとつ、決して稼げない職業ではないからです。**

私はフリーになって15年ほどになりますが、この10年で売り上げた金額は、おそらく3億円は下らないと思います。年によって凸凹はあるにせよ、このくらいは稼げた、という事実があります。もっともかなり忙しいので、他の職業に比べて効率がいいのかは、なかなか難しいところではありますが。それでも、基本的には土日をお休みし、年に2回か3回は海外に行きます。豪快に遣ってしまうので、残念ながら、お金はほとんど残ってはいませんが。

感謝の気持ちを持っていますか？

もっとたくさんの方にフリーのライターを志してほしい、などと言っている私ですが、実は私自身はなろうと思ってフリーのライターになったわけではなかった、という事実もお話ししておかなければいけないかもしれません。広告の仕事をあきらめ、リクルートの仕事を辞めることを決めた私は、当時の上司の一人に誘われ、とあるベンチャー企業に、情報誌の編集者として入社したのでした。要するに、広告の仕事から「逃げて」転職したのです。

ところが、この会社が、入社からわずか4カ月で倒産してしまいます。給料が遅配し、役員が逃げ、社員が動揺し、債権者が会社に押しかけ、社員たちで離職票を出し、弁護士さんに相談し、といった、驚くような修羅場を見るという貴重な場になったのですが、同時に職を失い、私は突然、失業者になってしまったわけです。

ちなみに、就職、転職、倒産、失業と、会社をめぐる一通りの経験をすることができたことは、私の「相場観」育成に、極めて重要な意味を持ったことは言うまでもありません（その後、友人の会社に役員として入り、経営のようなものも見ることができました。今はもうその立場にはありませんが）。

倒産からしばらく、一部の仲間で再び会社を立ち上げようという行動が起き、私も参加しました。しかし、それも2カ月ほどで立ち消えになり、私はいよいよ、移動する電車賃もままならないような状態に陥っていったのでした。

そんなとき、１本の電話が鳴ったのです。リクルートの方からでした。倒産の噂は耳に入っていたのでしょう。「どうしているのか」と心配して電話をかけてきてくださったのです。収入の糧《かて》がないだろう。ひとまず、リクルートで仕事をしてみろ。思えばこれが、私がフリーへの道に踏み出したきっかけだったのでした。

要するに、他に選択肢がなく、しかも収入の道もなく、手持ちのお金もなく、どうにもならなくて始めた、ということです。しかし逆にいえば、結果的にそれはとても良かったと思っています。まさにどん底、ゼロからどころか、マイナスからのスタートだったからです（実際、仕事用のデスクもファックスも借金して買うしかありませんでした）。

それが私に何をもたらしたのかといえば、**いただいた一つひとつの仕事を、とにかく大事にした、ということです。仕事をいただくことに、とにかく感謝の気持ちを持つことができた。**そうでなければ、生活ができなかったのです。しかも、景気は決していいわけではありませんでした。

忙しい日々を送るようになった今も、あのときの感覚を忘れることはできません。仕事をもらえるということが、いかにうれしいことだったか。いかにありがたいことだったか。その気持ちは、これからもずっと持ち続けなければいけないと思っています。

プロ意識を持っていますか？

フリーになってからは、それこそリクルートで仕事をしていた頃の3倍、5倍の仕事をするようになりました。リクルート時代もひいひい言っていて、相当な量の仕事をしていると思っていた私でしたが、やればもっとできるものだ、と驚いたことを覚えています。

そしてそうした仕事量を可能にしたのは、もちろんリクルート時代の経験があったからにほかなりません。広告賞がほしかった、とは先に書いたことですが、それを度外視したとしても、リクルート時代は猛烈に仕事をしていた印象があります。その前に勤務していたアパレルメーカーでは、夜になればよく遊びにも行きましたが、転職してからはまったくなくなりました。飲みに行くと言えば、夜中の11時、12時から、なんてことも珍しくありませんでした。

ただ、フリーになってから、あの時代に頑張っていて本当に良かったと思いました。あの頑張りがあったからこそ、今がある。あの頑張りを見ていた人がいてくれたからこそ、こうして仕事ができる。フリーになったばかりの頃はよくそう思ったものでした。実は20代こそが、仕事キャリアでは最も大切な時期であったことは間違いありません。

ではなぜ、それほどまでに頑張れたのか。大手アパレルメーカーを退職してまで選んだ仕事だった、ということもあります。広告を作る仕事が楽しくなっていったこともあります。また、広告賞など頑張れば褒めてもらえる仕組みが充実していたこともあります。でも、もうひとつ、転職直後に体験したある出来事が影響していました。

同年次の社会人が大勢集まるパーティで、隣にいた人と仕事の話になりました。彼は大手都市銀行勤務。見るからにエリート臭がぷんぷんしていました。私は当時、求人誌の中の小さな広告を作っていたのですが、その仕事の話をすると、彼が明らかな侮蔑の表情を浮かべ、鼻で笑ったのです。「お前、なんてつまらない仕事をしているんだ」と顔に書いてあるようでした。彼にとっては、銀行業こそが立派な仕事だったのでしょう。私は悔しくてなりませんでした。**いつか絶対こういうヤツの鼻を明かしてやる、と思ったのです。**

なんともネガティブな動機ではあったものの、今から振り返って思えば、それは私の中のプロ意識を刺激してくれるに十分な出来事でした。これが、リクルートでの、遊びも忘れてしまうほどのハードワークにつながったのだと思っています。

そして今も、この出来事は私のプロ意識を大いに刺激してくれるものになっていきます。文章を書く仕事の世の中的なポジションをもっと上げていきたい。たくさんの人が、やってみたい職業にしたい。別に序列意識を持っているわけではありませんが、この仕事の〝真実〟や、この仕事をする上でのプライドをしっかり伝えていきたいのです。

ちなみに、その出来事から7年後、彼の勤めていた銀行は破綻しました。彼のその後の幸運を、祈らずにはいられません。

これは自分の力だ、と思っていませんか？

「いろんな有名な人にたくさん会えていいね」。著名人へのインタビューが増え始めた頃、まわりの人たちからそんなことを言われました。もちろんインタビューはいつも刺激的ではありましたが、一方で毎回のように衝撃を受けていたのも事実でした。

職業選択や仕事、あるいは生き方にまで及ぶ内容が取材テーマになることが多かったこともありますが、それこそ「すごい人」の「すごさ」を徹底的に見せつけられることになったからです。起業に成功した人、出世の階段を上り詰めた人、世界と戦っている人、メダルを獲得した人、芸をきわめた人、世の中を動かすようなことをした人……。

どの人も、その人なりの生きる哲学を持ち、ひたむきに人生と向き合っていました。もしかしたら実ることがないかもしれない努力も、懸命に行っていました。

成功した人の理由がある。こういうことを読者に伝えたい、と思っていた私でしたが、一方でそれは私自身にも向けられていました。どうして同じことが自分にはできないのか、と。圧倒的な迫力と存在感で語られる生き方は、それこそボディブローのように私に突き刺さりました。連日のように続く取材で、私は〝パンチドランカー〟のようでした。

さきに「ライターは稼げる」と書きましたが、実際のところ成功している人たちのほとんどは、稼げるかどうかなど気にしていませんでした。お金があろうがなかろうが、自分の幸せには大して関係がないということです。実際、お金がなくてもキラキラ生きている人はたくさんいました。それはおそらく真実なのだろうと、私は次第に感じるようになりました。

仕事に関してひとつだけわかったことがあります。それは、自分ができることを、とにかくひたむきにやることが何より大切だ、ということです。好きな仕事をしなさい、やりたい仕事をしなさい、とはよく言われることですが、たしかにそういう道もあるでしょう。しかし一方で、成功者の中には、誰かにまるで導かれるかのように、目の前にやってきた物事に、仕事に立ち向かってきたら今があった、という人が決して少なくなかったのです。

自分は生きているのではなく、生かされている。自分の力ではなく誰かの力だ。こうはっきり言っていた人もいました。そしてこの感覚は、私自身にもフィットしました。私も、目の前にやってきたこと、自分にできることを懸命にやっていただけだったからです。それが好きかどうかとか、得意かどうかなども、考えませんでした。ただただ求められるままに走り続けていただけでした。でも、それで良かったのだと私は思っています。見てくれている人は、ちゃんと見てくれていたからです。

こんなに頑張っているのにどうして、という声が聞こえてくることもあります。しかし、評価は自分では下せないのです。評価は、他人がするものです。自分にできることは、自分にできることをやることのみ。それしかない。私は今もそう思っています。

コラム3　書籍を作る

一般の方にはあまり大きな声で言うべきではないのかもしれませんが、書店に置かれている書籍で、小説を除くものには、実は著者に代わってライターが書いている、というものが少なくありません。著者名は専門家だったり、著名人だったりするわけですが、考えてもみてください。1冊、本を書くというのは、簡単にできることではないのです。それを、専門家や著名人が、超多忙な合間を縫って行うというのは、まさに至難の業。そこで、文章のプロであるライターの出番、ということになるわけです。

もちろん、中には本当に自分で書かれている方もいらっしゃいます。大学の先生や研究者など、文章を書き慣れている方、文章に自信のある方などがそうですが、当然、文章は自分で書いたほうがいいに決まっています。なぜなら、自分が伝えたいことがちゃんと伝えられるからです。しかし、日頃、自分で文章はほとんど書いたりしない、という人もいます。そういう人にとっては文章を書くことは簡単ではないからこそ、ライターの仕事が生まれるのです。

こうした慣習に、「なんだ、本当は自分で書いていないのか」と異を唱える声もあるようですが、私はそうは思いません。大事なことは、著者が読者に伝えたいことを、しっかり伝えられるかどうかです。それによって、読者になにがしかのベネフィットがあったり、幸せにつながったりするのであれば、それだけで本の意味はあると思うのです。

ではもし、仮に著者が時間をかけて自分で書いたとしても、それが内容の伝わりにくい本になってしまったとしたら、読者としてはどうでしょうか。また、書くのは大変だから、と本を出版しなかったとしたらどうでしょうか。読者は、本来のベネフィットを受け取れなかったことになるわけです。

大事なことは、著者のメッセージをきちんと受け止められるかどうか、です。その意味で、「時間も文章のスキルもなくて伝えたい話がある人」が、「時間も文章のスキルもある人」と一緒になって本を作ることには大きな意味があると思います。また、だからこそ、こうした本づくりのマーケットが拡大していったと思うのです。

多くの場合、こうした書籍づくりは「聞き書き」という方法を採ります。著者にインタビューをして、内容をヒアリングして、それを構成して1冊の本にします。テーマや内容、さまざまな事情にもよりますが、ビジネス書籍であればおおむね、1冊の本につき10時間程度の取材時間になることがほとんどです。2時間枠の取材を5回程度行う、というのが、私の印象としては一般的です。

私はすでに30冊近い書籍に携わってきましたが、書籍づくりにも、やはり私なりのノウハウを蓄積してきました。というのも、書籍の仕事がどんどん増えて、効率よく短時間で行うことが求められるようになっていったからです。当初、2カ月に1冊程度だった仕事は、ここ数年は自分の本も含めて月に1冊、最近では月に2冊の本を書くこともあります。他に雑誌の仕事なども持っていますので、さすがに月1冊を超えると厳しいかな、と思うようになっていますが。

では、これだけの本づくりをどのように行っていくのか。私が気をつけているのは、まずは取材からすべては始まっている、ということです。取材は素材を集める場ですが、一方でこの取材によって、後の構成、執筆を効率的にできるかどうかが決まっていくのです。

まず、取材の前には、著者に関するできるかぎりの情報を集めます。プロフィールの理解はもちろん、インタビュー記事にもたっぷり目を通します。そして、本のテーマと方向性が決まっているようであれば、それを発注者である編集者にしっかり確認しておきます。その上で、実際の本でそうなるかどうかは別にして、仮の構成、取材のための構成案を作ってしまうのです。編集者が作る場合もありますし、編集者と一緒に打ち合わせて作ることもあります。

可能であるなら、取材のための構成案を著者にも見てもらって、「ここでは、こういう話もしておきたい」「こういう話は少なめでいい」などを確認してもらっておきます。そして、この仮の構成のシートをもとに、取材を行っていくのです。

もし、仮の構成案がないとどうなるか。取材がかなり難しくなります。というのも、書籍は雑誌の記事と違って、書くボリュームが膨大だからです。400字詰め原稿用紙にして250枚から350枚というのがほとんど。雑誌のインタビューでは、原稿ボリュームは限られますから、取材で深く突っ込んで聞いても書けないことも多いですが、書籍では違います。逆に、深く突っ込んでいかないと、話がさらりと終わってしまうのです。

よくある失敗のパターンは、そうしてさらりと話を聞いて、けっこう面白い取材だった、と書き始めてしまうことです。実際には、文章ボリュームがまったく足りないということに、書き始めてから気づきます。これでは、とても必要な枚数が満たせなくなることがあるのです（そういう原稿が上がってきて困ったことがある、という編集者の声をよく耳にしていました）。

どうして取材が「さらり」で終わってしまったのかというと、仮の構成案がなかったからです。仮の構成案というのは、何の話をどこまで聞けばいいのか、を理解するためのシートでもあるのです。そして、どんな話を聞くか、すべてを網羅した内容を、著者との間でお互いに認識するためのものでもあります。これがあることで、「言い忘れた」「言い足りなかった」、「聞き忘れた」「聞き足りなかった」といったことが防げます。

しかし、著者によっては、過去のインタビューなどもなく、ほとんどゼロから聞かなければいけない場合があります。また、人物ではなく、プロジェクトを追いかけるような場合もあります。そういうときには、基本的に時系列で話を聞いていきます。

まずは、人物なりプロジェクトなりの全貌をざっくり理解して、それを5回に分けて、時系列で話を聞いていくのが、最も網羅性が高いと私は考えています。そして、そのところどころで、気になった内容についてフォーカスして詳しく聞いていくのです。

また、テーマがはっきりしているときには、著者との間で事前に構成打ち合わせをすることもあります。

理想的な取材パターンは、例えば週末などにまとめて一気に時間をいただいて聞いてしまうことだと私は考えています。そうすれば、お互い漏れや話のダブりを少なくすることができるからです。しかし、それが難しい場合は、バラバラに時間をもらうしかありません。そうすると、毎週のように2時間ずつお時間をもらうようなことになる。このときには、どうしても漏れやダブりが出てきてしまいます。だからこそ、仮の構成案と取材のための構成シートが役に立ってくるのです。

インタビューが終わると、録音データをテープ起こしに出してもらっています。したがって、まずはこのインタビューを読み込むところから、原稿づくりは始まることになります。テープ起こしにはテキストがありますが、私はこれを一切使いません。本の原稿は、改めて自分で打ち込みます。テープ起こしのテキストを使えば、手間が省けると考えがちですが、会話を書き起こしたものを書籍の原稿に修正するのは手間ですし、むしろ自分で文章として打ち込んだほうが早いと私は考えています。

テープ起こしのテキストは、インタビューの回ごとにクリップで束ねて、ざっと読み込んでいきます。私がこのときに使うのがブルーのマーカーです。読みながら、重要なポイントになりそうなところをチェックしていくのです。このあたりは同じ話の塊《かたまり》だな、と思えるところは縦に線を引いて横に内容のキーワードを書いておきます。

2時間、5回分のテキストを読み込むのは大変です。ほとんど1日がかりになります。だからこそ、ここでかかった時間を無駄にしてはいけません。それがマーカーの役割です。実際、次のプロセスでは、1回ごとに、このマーカーを引いた場所を確認していきます。ここでは、赤ペンも使います。そして、頭の中でなんとなく構成を考えていきます。

マーカーを引いた箇所、赤ペンの箇所を確認したら、今度は気になる要素をピックアップして、紙に書き出します。ランダムでも構わないので、10でも20でも30でも本の核になりそうな内容を10文字から30文字程度の文章にして書き記しておきます。

そしてここから、構成づくりに入ります。意識するのは、やはり読者です。読者が何を知りたいか、です。しかし、同じ話をするにも、知識レベルなど読者はさまざま。そこで、ある程度の読者層を頭に作ってしまいます。その上で、そういう人たちに話をするのであれば、どういう順番で構成を作るのがいいのか、考えるのです。言ってみれば、一読者になって構成を考えるということです。

ここで重要なヒントになるのが、書き出した要素。これらはどこに盛り込むべきか、どういう順番で盛り込むべきか、考えていきます。私が最も重視するのは、本においても、一気通巻に読めることです。本は章立てがありますから、章立てをできるだけ違和感なくスムーズになるように考えていきます。

書き出した要素をどのように盛り込んでいくか。それを盛り込んだときには、どんな章のタイトルにできるのか。ミクロで入れたい要素を、マクロで本全体の作りをイメージしながら、書き出した要素とにらめっこしていきます。なかなか浮かばないときには、またテープ起こしに戻って、マーカーを引いた部分を眺めてみます。何度か往復しているうちに、こういう柱で行こう、という章立てが浮かんでくることがほとんどです。

章立てができたら、今度はマーカーを引いた内容を章の中に盛り込んでいきます。「このくらいのテープ起こしのテキストなら原稿用紙5枚くらいかな」というイメージをしながら（この感覚は、一度でもやってみないとなかなか浮かばないかもしれません）、章の内容を整理していきます。

私は、例えば全体を5章立てにし、1章で原稿用紙60枚、ひとつの章の要素が原稿用紙5枚で12要素、というイメージで構成をします。つまり、章ごとに、テープ起こし原稿から12の要素をピックアップしてくるわけです。ピックアップした要素を、できるだけ違和感がないような順番にしていきます。

あとは、章ごとに12の要素を書き進めていくだけです。ただし、分厚いテープ起こしの中身から、60もの要素を見つけ出すのは大変。そこで私は、ポストイットを活用しています。章ごとに1章なら青、2章なら黄色、3章なら緑、などと色を決めておいて、その要素の部分に貼っておくのです。さらに、おおよその内容をポストイットの端に記しておく。こうすることで、すぐに書きたい要素を見つけられる、というわけです。そして、書き終わった要素はポストイットを内側に引っ込めておく。これで、何章のどこまで進んだのか、もすぐにわかります。

これは、他の著者の方の本を作るときのやり方ですが、インタビューを主軸にした自分の本を作るときにも同じやり方をします。

ちなみに、この本では違ったやり方を取っています。まずは構成を考え、そこから要素をピックアップするところに最も時間をかけました。いきなり書き始めては、何をどこに盛り込むのか、など整理もできません。それでは、書くときに大変な時間がかかってしまいます。

逆に構成がしっかりできていれば、ちょっとした時間を見つけて、本を書き進めていくことができます。この本も、実は他の仕事の合間合間を見つけて書き進めました。通常はできるだけ1日まるまる書籍にあてることを心がけるのですが、この本の執筆中は極めて多忙で取材も多く、それができなかったのです。

いずれにしても書籍づくりのキモは構成、そして取材にあります。書き進めること以上に、前準備が極めて重要になるのです。

おわりに

嫌いで苦手だったから、やってこられた

本書を書き進めていて、ふと気づいたことがあります。どうして私が文章を書くことで食べていけるようになったのか。また、時にはお褒めをいただくことがあったりもするのか。それは、私自身が文章を苦手だと思っていたからではないか、ということです。常に文章に苦手意識を持っていたからこそ、私はどうすれば苦手意識が克服できるのか、もっとうまく書けるようになるのか、をずっと考え続けていました。実は今になっても、その意識は抜けていません。これがもし、文章が得意で自信があったならば、果たして同じことができたかどうか。これもまた、人生の不思議さを感じてしまいます。得意なことで生きたほうがいい、というわけでは必ずしもない、ということです。

今も覚えている日本代表サッカー選手の取材があります。もちろんテクニックは秀逸、その上、リーダーシップも評価されていた有名選手でしたが、彼が取材中に不思議

なことを言ったのです。中学時代や高校時代、自分よりうまい選手はたくさんいた、というのです。才能としては、間違いなく彼らのほうがあったはずだ、と。

日本代表選手で、しかもリーダークラスのアスリートが、過去には自分よりもうまいサッカー選手はいくらでもいた、というのです。私は驚いてしまいました。では、彼らはなぜその才能をフルに発揮して日本代表になることができなかったのか。もっと上に行くべく努力を怠ったからです。才能があったからこそ、油断をしてしまったのかもしれません。結果的に、彼らはトップアスリートにはなれなかったのです。

今、若い人は就職に際して自己分析をし、得意分野を洗い出し、それを売り込もうとすることが多いそうですが、本当にそれは正解なのか、考えてみるべきだと思います。中には、その得意分野の仕事に就けなかったから、と不満な日々を過ごしたり、辞めてしまったりする人もいるようです。しかし、人生はそんな単純なものではないと思うのです。

後に親しくさせていただくことになる世界的な大企業の元トップの方に教えていただ

いた言葉があります。部署への配属や異動、さらには「こんな仕事をせよ」と命じられたとき、嫌だな、と感じたら、それは自分の苦手な分野だと心得よ、と。つまり、その仕事を克服することは、苦手分野の克服になる。だからこそ、むしろラッキーだと思わないといけないのだと。

もしかすると、人生には無駄なことはひとつもないのかもしれません。嫌だなと思った配属や仕事も、手痛い失敗も、辛い出来事も、うれしい成功も、すべて何かの意味がある。もっといえば、ふとした出会いや、ちょっとしたすれ違いにも大きな意味が潜んでいる。重要なことは、そうした意味の存在に気づけるかどうか、です。たとえ小さな出来事でも、そこに意味があると思えたなら、人生の光景はずいぶんと違って見えてくると私は思っています。

これもひとつの意味なのかどうかはわかりませんが、この本を書き進めていた夏、私は突然、週末に走り始めたのでした。以前から、「走るといいよ」といろんな人に勧められていたということもあります。自分でも運動不足解消に何かしたい、と思っていたということもあります。しかし、何より大きかったのは、やってみたいと思い立ったからです。

思えば、私にとってのフリーになっての15年間は、ちょっと自信がつきかけたら思わぬところで失態を起こして落ち込み……という連続だった気がします。面白いもので、ちょっとでも〝鼻が伸び〟そうになると、うまくいかない取材に直面したり、見当違いの原稿を作って編集者を困らせてしまったりと、〝神様からガツン〟とやられるのです。

本書では、なんとも偉そうな話をたくさんしてきましたが、そのすべてを自分が完璧にやり遂げられているのかといえば、自分自身でその評価をすることはできません。

実際、人間としてまだまだ未熟な時代がありました。感謝している、と思いながらも、たまたまとんでもなく忙しいときに来た修正依頼に、編集者に向かって声を荒げてしまったこともあります。やってほしい準備をしていなかったことに腹を立て、編集者にひどい言葉を投げかけたこともあります。報酬の条件がギリギリになって変わり、食ってかかって関係者のみなさんを困らせてしまったこともありました。スケジュール優先にこだわり過ぎて、クオリティに問題のあった原稿を出してしまったこともあります。いずれも後になって大変、反省はしたものの、もはや後の祭りでした。ギャランティの高さで、仕事をてんびんにかけてしまったこともあります。また逆に、先に声をかけてもらった本があるから、と断った本の仕事がとんでもないベストセラーになり、ショックを受けたこともあります（それにショックを受けてしまった時点で、まだまだ未熟者でした）。

多少は成長できたけれど、本当にまだまだ。それが実のところ、私自身に対する、偽りのない評価です。だからこそ、何でも受け止めなければなりません。よりによって真夏に走りたくなるというのも、〝神様からガツン〟なのかな、と思ったのでした。

しかし、少なくともひとつ、走り始めたことは、本書の制作には大いなるプラスになったことはご報告しておきたいと思います。暮らして7年目になるマンションの前には広い公園が広がり、その脇に自然に溢れた川が流れて、ランニングコースとしてはぴったりだったのですが、これが本当に気持ちよかった（当初は筋肉痛と膝の痛みに悩まされましたが）。

また、炎天下の中、汗を流しながら走っていると、いろんなことを考えるのです。不思議なことに、いろんなアイディアまで浮かんだのでした。別の本の構成もそうですし、本書に関しては書く要素が次々に浮かんできたのでした。こうして書いている「おわりに」の構成も、実は走っている間に思い浮かんだのです（戻って汗をダラダラ流しながら、すぐにメモしました）。

そして、川縁の橋と橋とを結んだ周回コースを3周、わずか20分ほどのランニングですが、なんとも毎回、思うところがありました。走ることは人生に似ている、と書いた作家の方がおられましたが、私は走ることは仕事に似ている、と思ったのです。

別に3周回ることは義務ではないのです。2周でやめてもいいし、途中で歩いてもいい。簡単です。でも、最後まで苦しいけれどあきらめず、止まらず、走り抜いたとき、なんともいえない達成感と心地よさが広がるのでした。これはまさに仕事と同じだと思いました。途中で「これでいいかな」「もういいんじゃないか」と思いつつ、やっぱりもうちょっと粘《ねば》ってみようと考えてみる。思えば私の仕事は、その繰り返しだったように思ったのです。だからこそ、評価も得られたのかもしれないし、達成感も得られたのかもしれない、と。

最後の最後で、もうちょっとだけ粘る。これだけは仕事でも続けていこう、と私は改めて思ったのでした。それを、走ることが思い出させてくれたのです。

本書のゲラをチェックしている秋、私はなおも走り続けています。またひとつハードルを上げる。今後は、タイミングを見つけて、周回数を増やそうと考えています。そうすれば、見えてくる景色は変わってくるのかな、とちょっとだけ期待をしながら。

最後になりましたが、本書は冒頭でご紹介したミシマ社の大越裕さんからメールをいただいたことに始まりました。当初は「文章に関する技術論」を求めておられていたのですが、私からの勝手な提案に対して、このような形の書籍にさせていただいたのでした。ご賛同をいただいた大越さん、さらにはミシマ社代表の三島邦弘さんに、この場を借りて感謝いたします。

また、本書の内容は、これまでにお仕事をさせていただいた、すべての方々の存在があってこそ、書くことができたものです。私に仕事を依頼してくださったみなさま、そして取材をさせていただいたみなさま、さまざまに関わっていただいたスタッフのみなさま、お仕事をご一緒させていただく機会を作っていただいたみなさまに、この場を借りて深く御礼申し上げます。本当にありがとうございました。

考えてみれば、本書は〝自分の考え〟を〝自分の言葉〟で構成した初めての本です。もしかすると、初めての本当の自分の本、といえるのかもしれません。その意味では、いつも仕事ばかりでなかなか顧みられない家族にも、感謝をする機会にさせていただけると幸いです。自由な時間がなかなか作れず、迷惑ばかりかけていながら、いつもあたたかく応援してくれている妻と娘に。本来は故郷に戻っていなければならなかったにも関わらず、東京にいる私を静かに見守ってくれている故郷の母、2人の姉とその家族に。さらには、いつも私の仕事に関心を持ち、さまざまにアドバイスをくださる義理の父、母に。そして、今なお世界で誰よりも尊敬している亡き父に。

文章を書くことを仕事にする方に、あるいは仕事で文章を書く方に、本書がわずかでもお役に立てれば大変幸いです。

2010年10月

上阪 徹

上阪 徹（うえさか・とおる）

1966年兵庫県生まれ。89年早稲田大学商学部卒。アパレルメーカーのワールド、リクルート・グループなどを経て、95年よりフリー。経営、金融、ベンチャー、就職などをテーマに、雑誌や書籍などで幅広く執筆やインタビューを手がけている。インタビュー集に『プロ論。』（徳間書店）シリーズ、『外資系トップの仕事力』（ダイヤモンド社）、『我らクレイジー☆エンジニア主義』（中経の文庫）、著書に『新しい成功のかたち 楽天物語』（講談社）、『600万人の女性に支持される「クックパッド」というビジネス』（角川SSC新書）、『「カタリバ」という授業』（英治出版）などがある。

書いて生きていく
プロ文章論

二〇一〇年一二月一日　初版第一刷発行

著者　上阪徹
発行者　三島邦弘
発行所　㈱ミシマ社
郵便番号一五二-〇〇三五
東京都目黒区自由が丘二-六-一三
電話　〇三(三七二四)五六一六
FAX　〇三(三七二四)五六一八
e-mail hatena@mishimasha.com
URL http://www.mishimasha.com/
振替　〇〇一六〇-一-三七二九七六

印刷・製本　藤原印刷(株)
組版　(有)エヴリ・シンク

©2010 Toru Uesaka Printed in JAPAN
本書の無断複写・複製・転載を禁じます。

ISBN978-4-903908-23-6

好評既刊

ボクは坊さん。

白川密成

24歳、突然、住職に！

仏教は「坊さん」だけが独占するには、あまりにもったいない！
大師の言葉とともに贈る、ポップソングみたいな坊さん生活。

ISBN978-4-903908-16-8　1600円

ほしいものはなんですか？

益田ミリ

「このまま歳をとって、“何にもなれず”終わるのかな…」

悩める二人の女性に、一人の少女が大切なものを運んでくる──。
アラサー、アラフォーを超え、すべての人に贈る傑作漫画!!

ISBN978-4-903908-18-2　1200円

ドンマイドンマイッ！ プロレスラー三沢からのメッセージ

三沢光晴

笑えて、泣けて、ぐっとくる!!

レスラーとして、社長として、一人の人間として──。満身創痍になりながら、ぼくらに残してくれた、お茶目で愛しい言葉たち！

ISBN978-4-903908-19-9　1500円

遊牧夫婦

近藤雄生

無職、結婚、そのまま海外！

イルカ三昧の日々、時速80キロの果てしないドライブ、
東ティモール、捕鯨の村……二人の新婚生活はどこへ行く!?

ISBN978-4-903908-20-5　1600円

（価格税別）